MON PÈRE VOUS LE DONNERA EN MON NOM

Dr. Jaerock Lee

« En vérité, en vérité, je vous le dis, ce que vous demanderez au Père, il vous le donnera en mon nom. Jusqu'à présent vous n'avez rien demandé en mon nom. Demandez, et vous recevrez, afin que votre joie soit parfaite. »
(Jean 16:23-24)

MON PÈRE VOUS LE DONNERA EN MON NOM
par Dr. Jaerock Lee

Publié par Urim Books (Représentant: Johnny H. Kim)
73, Yeouidaebang-ro 22-gil, Dongjak-gu, Seoul, Korea
www.urimbooks.com

Tous droits réservés. Toute copie, toute reproduction, même partielle, de cet ouvrage par quelque procédé que soit, électronique, photographique, bande magnétique, disque ou autre, faite sans autorisation préalable des éditeurs est illicite.

Sauf si autrement spécifié, toutes les citations proviennent de la Bible de Genève, traduction LOUIS SEGOND.

Copyright © 2009 by Dr. Jaerock Lee
ISBN: 979-11-263-0671-8 03230

Traduit en anglais par Dr. Esther K. Chung. Copyright © 2009 Fait avec permission.
Traduit en français par Dr. Janine. M. Chaar. 2012 Fait avec permission.

Déjà publié en Coréen par Urim Books, 1990.

Première Publication février 2021

Edité par Dr. Geumsun Vin
Désigné par Le Bureau Editorial de: Urim Books
Imprimé par Yewon Printing Company
Pour plus d'informations, contacter: urimbook@hotmail.com

Un Message de Publication

« En vérité, en vérité, je vous le dis, ce que vous demanderez au Père, il vous le donnera en mon nom. » (Jean 16:23)

Le christianisme est la foi par laquelle les gens rencontrent Dieu vivant, et expérimentent Son œuvre à travers Jésus-Christ. Car Dieu est un Dieu Tout-Puissant, créateur des cieux et de la terre ; Il gouverne l'histoire de l'univers ainsi que la vie, la mort, la malédiction, et la bénédiction de l'homme. Il répond aux prières de Ses enfants et désire qu'ils mènent une vie bénie qui digne des enfants de Dieu.

Chaque individu qui est un véritable enfant de Dieu possède l'autorité à laquelle il a droit en tant qu'enfant de Dieu. Par ce pouvoir, il doit mener une vie dans laquelle toutes choses seront possibles, et rien ne lui manquera, et qu'il doit profiter des bénédictions sans être pris d'envie et de jalousie. En menant une vie débordante de richesse, de force et de succès, il doit rendre gloire à Dieu à travers sa vie.

Afin de profiter d'une telle vie bénie, il faut bien comprendre la loi du monde spirituel concernant les réponses de Dieu et recevoir tout ce qu'il demande à Dieu au nom de Jésus-Christ.

Ce travail est une compilation de messages qui ont été prêchés dans le passé pour tous les croyants, surtout ceux qui croient, sans aucun doute, au Dieu Tout-Puissant, et désirent mener une vie pleine de réponses de Dieu.

Puisse ce travail, Mon père vous le donnera en mon nom, servir de guide qui mène tous les lecteurs à prendre conscience de la loi du monde spirituel concernant les réponses de Dieu, et leur permettre de recevoir tout ce qu'ils demandent dans la prière !

Au nom de Jésus-Christ, je prie!
    Je donne toute reconnaissance et gloire à Dieu pour avoir permis la publication de ce livre portant sa précieuse Parole et j'exprime ma sincère gratitude envers tous ceux qui ont contribué ardemment à la réalisation de ce travail.

Jaerock Lee

Table des matières

MON PÈRE VOUS LE DONNERA EN MON NOM

Un Message de Publication

Chapitre 1
Comment faire pour recevoir les réponses de Dieu 1

Chapitre 2
Nous avons encore besoin de Lui demander 15

Chapitre 3
La Loi Spirituelle sur les Réponses de Dieu 25

Chapitre 4
Détruire le mur du péché   39

Chapitre 5
Tu moissonnes ce qui tu as semé   51

Chapitre 6
Élie reçut les réponses de Dieu par le feu   65

Chapitre 7
Comment réaliser les Désirs de Ton Cœur   77

Chapitre 1

Comment faire pour recevoir les réponses de Dieu

Petits enfants, n'aimons pas en paroles et avec la langue, mais en actions et avec vérité. Par là nous connaîtrons que nous sommes de la vérité, et nous rassurerons nos cœurs devant lui ; car si notre cœur nous condamne, Dieu est plus grand que notre cœur, et il connaît toutes choses. Bien-aimés, si notre cœur ne nous condamne pas, nous avons de l'assurance devant Dieu. Quoi que ce soit que nous demandions, nous le recevons de lui, parce que nous gardons ses commandements et que nous faisons ce qui lui est agréable.

(1 Jean 3:18-22).

Une des sources de grande joie pour les enfants de Dieu, c'est le fait que Dieu le Tout-Puissant soit vivant, qu'Il répond à leurs prières, et fait de la sorte que toutes choses concurrent à leur bien. Les gens qui croient à cela prient avec ferveur afin qu'ils puissent recevoir tout ce qu'ils demandent à Dieu et ils Lui donnent gloire de tout leur cœur.

1 Jean 5:14 nous dit: *«Nous avons auprès de lui cette assurance, que si nous demandons quelque chose selon sa volonté, il nous écoute.»* Ce verset nous rappelle que lorsque nous demandons, selon la volonté de Dieu, nous avons le droit de tout recevoir de Lui. Peu importe combien un parent pourrait être méchant ; lorsque son fils lui demande du pain, elle ne lui donnera pas une pierre. Et s'il demande un poisson, sa mère ne lui donnera pas un serpent. Qu'est-ce donc, pourrait empêcher Dieu de donner de bonnes choses à ses enfants quand ils les Lui demandent ?

Lorsque la femme cananéenne, dans Matthieu 15:21-28, vint devant Jésus, non seulement elle reçut des réponses à ses prières, mais aussi réalisa les désirs de son cœur. Même si sa fille était tourmentée par une terrible possession de démon, la femme demanda à Jésus de la guérir parce qu'elle croyait que tout était possible pour ceux qui croient. Que pensez-vous que Jésus fit pour cette femme païenne qui lui avait demandé avec persistance de guérir sa fille, sans y renoncer? En voyant la foi de cette femme, Jésus lui accorda ce qu'elle demanda. Nous lisons dans

Jean 16:23 : *«En ce jour-là, vous ne m'interrogerez plus sur rien. En vérité, en vérité, je vous le dis, ce que vous demanderez au Père, il vous le donnera en mon nom». Jésus lui dit : « Femme, ta foi est grande ; qu'il te soit fait comme tu veux. Et, à l'heure même, sa fille fut guérie. »* (Matthieu 15:28).

Combien merveilleuse et douce est la réponse de Dieu!

Si nous croyons en Dieu, Le vivant, étant ses enfants, nous devons Lui rendre gloire quand nous recevons tout ce que nous Lui demandons. A la lumière de ce passage sur lequel le présent chapitre est basé, découvrons comment nous pouvons recevoir des réponses de Dieu.

1. Nous devons croire en Dieu qui promet de nous répondre

A travers la Bible, Dieu nous a promis qu'Il répondrait certainement à nos prières et appels. Par conséquent, seulement quand nous ne doutons pas de cette promesse, nous pourrons demander avec ferveur et nous recevrons tout ce que nous demandons à Dieu.

Nombres 23:19 dit: *«Dieu n'est point un homme pour mentir, Ni fils d'un homme pour se repentir. Ce qu'il a dit, ne le fera-t-il pas ? Ce qu'il a déclaré, ne l'exécutera-t il pas ? »* Dans Matthieu 7:7-8 Dieu nous promet:*« Demandez, et l'on vous donnera ; cherchez, et vous trouverez ; frappez, et l'on*

vous ouvrira. Car quiconque demande reçoit, celui qui cherche trouve, et l'on ouvre à celui qui frappe. »
Nous trouvons tout au long de la Bible de nombreux passages qui rappellent la promesse de Dieu, confirmant qu'Il nous répondra si nous demandons selon Sa volonté. Dans ce qui suit, nous avançons quelques exemples:

« C'est pourquoi je vous dis : Tout ce que vous demanderez en priant, croyez que vous l'avez reçu, et vous le verrez s'accomplir. » (Marc 11:24).

« Si vous demeurez en moi, et que mes paroles demeurent en vous, demandez ce que vous voudrez, et cela vous sera accordé. » (Jean 15:7).

« Et tout ce que vous demanderez en mon nom, je le ferai, afin que le Père soit glorifié dans le Fils. » (Jean 14:13).

« Vous m'invoquerez, et vous partirez ; vous me prierez, et je vous exaucerai. Vous me chercherez, et vous me trouverez, si vous me cherchez de tout votre cœur. » (Jérémie 29:12-13).

« Et invoque-moi au jour de la détresse ; Je te délivrerai, et tu me glorifieras. » (Psaumes 50:15).

Une telle promesse de Dieu se trouve à maintes reprises dans les deux Testaments, ancien et nouveau. Même s'il y a un seul verset biblique concernant cette promesse, nous devrons y tenir fermement et prier pour recevoir les réponses de Dieu. Mais comme cette promesse se trouve à plusieurs reprises tout au long de la Bible, nous devons croire que Dieu est bien vivant et qu'Il est le même hier, aujourd'hui et éternellement (Hébreux 13:8). Par ailleurs, la Bible nous parle de nombreux hommes et femmes bénis qui avaient cru en la parole de Dieu, avaient demandé, et avaient reçu Ses réponses. Nous devrions prendre comme exemple la foi et le cœur de ces gens et mener notre propre vie durant laquelle nous recevons toujours Ses réponses.

Lorsque Jésus dit à un paralytique dans Marc 2 :1-12: *« Tes péchés sont pardonnés…lève-toi, prends ton lit, et va dans ta maison »*, à l'instant, il se leva, prit son lit, et sortit en présence de tout le monde, de sorte qu'ils étaient tous dans l'étonnement et glorifiaient Dieu.

Un centenier, dans Matthieu 8:5-13, vint chez Jésus pour son serviteur qui était couché à la maison, atteint de paralysie et souffrant beaucoup. Il Lui dit: *«dis seulement un mot, et mon serviteur sera guéri.* » Nous savons que lorsque Jésus dit au centenier: *«Va, qu'il te soit fait selon ta foi »*, à l'heure même le serviteur fut guéri.

Dans Marc 1 :40-42, un lépreux vint à Jésus ; et, se jetant à genoux, il lui dit d'un ton suppliant : *« Si tu le veux, tu peux me rendre pur».* Jésus, ému de compassion, étendit la main, le toucha, et dit : « *Je le veux, sois pur* ». Nous voyons qu'aussitôt la lèpre le quitta, et il fut purifié.

Dieu permet à tous les gens de recevoir tout ce qu'ils Lui demandent, au nom de Jésus-Christ. Dieu veut aussi que tous les gens croient en Lui, Lui qui a promis de répondre à leurs prières, qu'ils prient avec un cœur immuable sans y renoncer, et qu'ils deviennent Ses enfants bénis.

2. Types de prière à laquelle Dieu ne répond pas

Quand les gens croient et prient selon la volonté de Dieu, vivent par Sa parole, et meurent comme un grain de blé, Dieu remarque leur cœur et leur dévouement et répond à leurs prières. Et pourtant, s'il y a des personnes qui ne peuvent pas recevoir les réponses de Dieu en dépit de leur prière ? Quelle pourrait en être la cause? Il y avait beaucoup de personnes dans la Bible qui ne reçurent pas de réponses de Dieu, même après avoir prié. En examinant les raisons pour lesquelles les gens n'arrivent pas à recevoir les réponses de Dieu, nous devons apprendre comment nous pouvons recevoir Ses réponses.

Premièrement, si nous gardons un péché dans notre cœur et prions, Dieu nous dit qu'Il ne répondra pas à nos prières. Psaume 66:18 nous dit: *«Si j'avais conçu l'iniquité dans mon cœur, Le Seigneur ne m'aurait pas exaucé.»* Et Ésaïe 59:1-2 nous rappelle: « *Non, la main de l'Éternel n'est pas trop courte pour sauver, Ni son oreille trop dure pour entendre. Mais ce sont vos crimes qui mettent une séparation entre vous et votre Dieu ; Ce sont vos péchés qui vous cachent Sa face et l'empêchent de vous écouter.* » Comme l'ennemi diable va intercepter nos prières à cause de notre péché, nos prières vont battre l'air et n'atteindront pas le trône de Dieu.

Deuxièmement, si nous prions tout en ayant une discorde avec nos frères, Dieu ne va pas nous répondre. Parce que notre Père céleste ne nous pardonnera pas si nous ne pardonnons pas à nos frères de tout notre cœur (Matthieu 18:35). Notre prière ne peut ni être remise à Dieu, ni avoir une réponse.

Troisièmement, si nous prions dans le but de satisfaire nos passions, Dieu ne répondra pas à nos prières. Si nous faisons abstraction de Sa gloire, et que nous prions en conformité avec les désirs de la nature pécheresse, qui tend à dépenser ce que nous recevons de Lui dans le but de satisfaire nos passions, Dieu ne nous répondra pas. (Jacques 4:2-3). Par exemple, pour une fille obéissante et studieuse, le père donne de l'argent de poche à chaque fois qu'elle le demande. Mais pour une fille désobéissante qui ne se soucie pas beaucoup d'études, le père refusera de lui donner de l'argent, soit parce qu'il ne le veut pas, soit de peur qu'elle n'en fît un mauvais usage. De la même manière, si nous demandons quelque chose avec de fausses intentions et dans le but de satisfaire les désirs de la nature pécheresse, Dieu ne nous répondra pas, car nous pourrons aller sur le chemin qui mène à la destruction.

Quatrièmement, nous ne devrions ni prier ni pleurer pour des idolâtres (Jérémie 11:10-11). Puisque Dieu déteste les idoles par-dessus tout, nous devons seulement prier pour le salut des âmes des idolâtres. Toute autre prière ou demande faite pour eux ou de leur part restera sans réponse.

Cinquièmement, Dieu ne répondra pas à la prière qui est mêlée de doutes parce que nous pouvons recevoir des réponses du Seigneur seulement lorsque nous croyons et nous ne doutons pas (Jacques 1:6-7). Je suis sûr que, quand les gens demandaient à Dieu d'intervenir, beaucoup d'entre vous avaient témoigné de la guérison de maladies incurables et de la résolution de problèmes apparemment impossibles. C'est parce que Dieu nous a dit : « *Je vous le dis en vérité, si quelqu'un dit à cette montagne: Ôte-toi de là et jette-toi dans la mer, et s'il ne doute point en son cœur, mais croit que ce qu'il dit arrive, il le verra s'accomplir.*»(Marc 11:23). Vous devriez savoir que la prière mêlée de doutes ne peut pas avoir de réponse et que seule la prière conformément à la volonté de Dieu nous donne un indéniable sentiment de certitude.

Sixièmement, si nous n'obéissons pas aux commandements de Dieu, nos prières n'auront pas de pas réponses. Quand nous gardons les commandements de Dieu et que nous faisons ce qui

Lui est agréable, la Bible nous dit que nous pouvons avoir de l'assurance devant Dieu, et quoi que nous demandions, nous le recevons de lui (1 Jean 3:21-22). Proverbes 8:17 nous dit: *«J'aime ceux qui m'aiment, Et ceux qui me cherchent me trouvent».* La prière des gens qui obéissent aux commandements de Dieu aura sûrement une réponse, vu leur amour pour Lui (1 Jean 5:3).

Septièmement, nous ne pouvons pas recevoir des réponses de Dieu sans semer. Galates 6:7 dit: *«Ne vous y trompez pas : on ne se moque pas de Dieu. Ce qu'un homme aura semé, il le moissonnera aussi.»* Et 2 Corinthiens 9:6 nous dit: *«Sachez-le, celui qui sème peu moissonnera peu, et celui qui sème abondamment moissonnera abondamment.»* Ainsi, sans semer, on ne peut pas moissonner. Si un individu sème la prière, son âme sera toujours bien; s'il sème des offrandes, il recevra des bénédictions financières, et s'il sème de bons actes, il va recevoir les bénédictions de bonne santé. En somme, vous devez semer ce que vous voulez moissonner ; par conséquent, semez pour recevoir des réponses de Dieu.

Outre les conditions ci-dessus, si les gens ne parviennent pas à prier au nom de Jésus-Christ ou s'ils n'arrivent pas à prier de tout leur cœur, ou s'ils avancent de vaines paroles, leurs prières n'auront pas de réponses. Une discorde entre un mari et une femme (1 Pierre 3:7) ou une désobéissance fera obstacle aux réponses de Dieu.

Nous devons toujours garder à l'esprit que de telles conditions érigent un mur entre Dieu et nous, Il tournera Sa face loin de nous et ne répondra pas à nos prières. Par conséquent, nous devons d'abord chercher le royaume de Dieu et Sa justice, L'invoquer dans la prière pour réaliser les désirs de notre cœur. Comme nous devons tenir jusqu'à la fin avec une foi ferme pour recevoir toujours les réponses de Dieu.

3. Les Secrets pour recevoir des réponses à notre prière

Spirituellement, au début de sa vie en Christ, le nouveau croyant est comparable à un enfant, et Dieu répond à sa prière immédiatement. Durant cette période, la personne ne sait pas encore toute la vérité, mais elle l'apprendra quand elle mettra en action la parole de Dieu. Pour cela Dieu lui répondra et le guidera vers Lui comme s'il était un petit enfant qui pleure pour avoir le lait. En écoutant continuellement la vérité et en la comprenant, une telle personne va grandir et dépasser la phase de l'enfance, et plus qu'elle pratique la vérité, plus Dieu va lui répondre. Mais dans le cas où une personne, qui a dépassé ce stade, continue à pécher et ne parvient pas à vivre par la parole, elle ne pourra pas recevoir les réponses de Dieu. De là, autant que la personne accomplit la sanctification, autant qu'elle va voir les réponses de Dieu.

Par conséquent, pour que les gens, qui n'ont pas encore reçu de réponses de Dieu, reçoivent Ses réponses, ils doivent d'abord se repentir, se détourner de leurs voies, et commencer à mener une vie d'obéissance dans laquelle ils vivent par la parole de Dieu. Quand ils demeurent dans la vérité après s'être repentis de tout leur cœur, Dieu leur donne des bénédictions incroyables. Job avait entendu parler de Dieu, sa foi résultait de sa simple connaissance. Pour cela, au début quand il fit face aux épreuves et aux tentations, il murmura contre Dieu. Mais après Job vit Dieu et se repentit du fond de son cœur, alors il pardonna ses amis et vécut par la parole de Dieu. À son tour, Dieu bénit Job et lui accorda le double de tout ce qu'il avait possédé (Job 42:5-10).

Jonas fut englouti dans le ventre d'un grand poisson à cause de sa désobéissance à la Parole de Dieu. Cependant, quand il pria, se repentit, et rendit grâces dans sa prière de foi, Dieu parla au poisson, et le poisson vomit Jonas sur la terre. (Jonas 2:1-10).

Quand nous nous détournons de nos voies, que nous nous repentons, que nous vivons selon la volonté du Père, et que nous croyons en Lui et L'invoquons, l'ennemi diable, qui sortira contre nous par un seul chemin, s'enfuira devant nous par sept chemins. Naturellement, les maladies seront guéries, les problèmes avec nos enfants, et les problèmes financiers seront résolus. Un mari persécuteur deviendra un bon et affectueux mari et la famille mènera une vie paisible laissant émaner la bonne odeur de Christ et donnant grande gloire à Dieu.

Si nous nous sommes détournés de nos voies, nous nous sommes repentis, et avons reçu de Dieu les réponses à nos prières, nous devons rendre gloire à Dieu en témoignant de la joie qui nous a comblés. Quand nous faisons ce qui plait à Dieu, et que nous Lui donnons gloire, à travers notre témoignage, Dieu ne recevra pas seulement la gloire et ne sera pas seulement satisfait mais il nous demandera également:

« Que vais-je vous donner? »

Supposons qu'une mère donne à son fils un cadeau et le fils ne semble pas reconnaissant et n'exprime sa gratitude en aucune façon, alors, la mère ne désirera plus lui donner autre chose. Toutefois, si le fils est très reconnaissant du don et plait à sa mère, alors la mère deviendra d'autant plus ravie et souhaitera donner à son fils plus de cadeaux et par conséquent elle en préparera d'autres. De même, nous recevrons d'autant plus de Dieu, lorsque nous rendons gloire à Lui, en nous rappelant que Dieu notre Père se réjouit de répondre aux prières de Ses enfants et donne encore plus de bons cadeaux à ceux qui témoignent de Ses réponses.

Demandons tous selon la volonté de Dieu, montrons Lui notre foi et notre dévouement, et recevons de Lui tout ce que nous demandons. Selon les humains, montrer notre foi en Dieu et notre dévouement pour Lui peut sembler une tâche difficile. Pourtant, c'est seulement après un tel processus, qui consiste à rejeter les gros péchés qui s'opposent à la vérité, à fixer nos yeux vers le ciel éternel, à recevoir des réponses à nos prières, et à accumuler des récompense dans le royaume céleste, que notre vie sera vraiment utile et remplie de gratitude et joie. Par ailleurs, notre vie sera encore de plus en plus bénie parce que les épreuves et les souffrances seront chassées et la vraie consolation sera ressentie sous la direction de Dieu et sa protection.

Que chacun d'entre vous puisse demander par la foi ce qu'il désire, qu'il prie avec ferveur, qu'il combatte le péché et obéisse à Ses commandements afin de recevoir tout ce qu'il demande ! Je prie que vous plaisiez à Dieu en toute chose et que vous Lui donniez toute gloire ! Au nom de Jésus-Christ, je prie !

Chapitre 2

Nous avons encore besoin de Lui demander

Alors vous vous souviendrez de votre conduite qui était mauvaise, et de vos actions qui n'étaient pas bonnes ; vous vous prendrez vous-mêmes en dégoût, à cause de vos iniquités et de vos abominations. Ce n'est pas à cause de vous que j'agis de la sorte, dit le Seigneur, l'Éternel, sachez-le ! Ayez honte et rougissez de votre conduite, maison d'Israël ! Ainsi parle le Seigneur, l'Éternel : Le jour où je vous purifierai de toutes vos iniquités, je peuplerai les villes, et les ruines seront relevées ; la terre dévastée sera cultivée, tandis qu'elle était déserte aux yeux de tous les passants ; et l'on dira : Cette terre dévastée est devenue comme un jardin d'Éden ; et ces villes ruinées, désertes et abattues, sont fortifiées et habitées. Et les nations qui resteront autour de vous sauront que moi, l'Éternel, j'ai rebâti ce qui était abattu, et planté ce qui était dévasté. Moi, l'Éternel, j'ai parlé, et j'agirai. Ainsi parle le Seigneur, l'Éternel : Voici encore sur quoi je me laisserai fléchir par la maison d'Israël, voici ce que je ferai pour eux ;
je multiplierai les hommes comme un troupeau. »

(Ézéchiel 36:31-37)

A travers les soixante-six livres de la Bible, Dieu qui est le même hier, aujourd'hui et éternellement (Hébreux 13:8) témoigne du fait qu'Il est vivant et agit efficacement. A tous ceux qui ont cru en Sa parole et y ont obéi, qu'il s'agisse du temps de l'Ancien Testament, de celui du Nouveau Testament et de nos jours, Dieu a fidèlement montré les preuves de Son œuvre.

Dieu, le Créateur de toute chose dans l'univers et le gouverneur de la vie, la mort, la malédiction, et la bénédiction de l'humanité a promis de nous « bénir » (Deutéronome 28:5-6) tant que nous croyons en Lui et obéissons à toutes Ses paroles que nous trouvons dans la Bible. Maintenant, si nous croyons vraiment en ce fait étonnant et merveilleux, que nous manquera-t-il et qu'est ce que nous ne recevrons pas ?

Nous trouvons dans Nombres 23:19 *«Dieu n'est point un homme pour mentir, Ni fils d'un homme pour se repentir. Ce qu'il a dit, ne le fera-t-il pas ? Ce qu'il a déclaré, ne l'exécutera-t il pas ? »* Dieu parle-t-il sans agir? Promet-il sans tenir sa promesse? Par ailleurs, puisque Jésus nous a promis dans Jean 16:23 : *« En vérité, en vérité, je vous le dis, ce que vous demanderez au Père, il vous le donnera en mon nom»*, les enfants de Dieu sont vraiment bénis.

Ainsi, pour les enfants de Dieu, il est naturel qu'ils mènent une vie dans laquelle ils reçoivent tout ce qu'ils demandent, et qu'ils donnent gloire à leur Père céleste. Pourquoi, alors, la plupart des chrétiens ne parviennent pas à mener une telle vie?

Avec ce passage sur lequel le présent chapitre est basé, laissons-nous explorer comment nous pouvons toujours recevoir des réponses de Dieu.

1. Dieu a parlé et Il le fera mais nous avons encore besoin de Lui demander

Étant les élus de Dieu, les enfants d'Israël avaient reçu des bénédictions abondantes. Dieu leur avait promis que, s'ils obéissaient totalement et suivaient Sa Parole, Il leur donnerait la supériorité sur toutes les nations de la terre, la victoire sur leurs ennemis qui s'élèveraient contre eux ; et Il leur avait promis qu'Il les bénirait dans toute chose. (Deutéronome 28 : 1, 7, 8).

Ces bénédictions s'étaient affluées sur les Israélites en abondance quand ils obéissaient à la parole de Dieu ; mais quand ils faisaient le mal, désobéissaient à la loi, et adoraient les idoles, ils provoquaient la colère de Dieu, alors ils furent pris en captivité et leur terre fut ruinée.

A cette époque, Dieu dit aux Israélites que s'ils se repentaient et se détournaient de leur mauvaise conduite, il permettrait que la terre dévastée fût cultivée et que les terrains abattus fussent rebâtis. Par ailleurs, Dieu dit: « *Moi, l'Éternel, j'ai parlé, et j'agirai. Ainsi parle le Seigneur, l'Éternel : Voici encore sur quoi je me laisserai fléchir par la maison d'Israël, voici ce que je ferai pour eux.* » (Ézéchiel 36:36-37).

Pourquoi Dieu, après avoir promis aux Israélites qu'Il agirait, leur avait dit qu'ils devraient Lui «demander»? Bien que Dieu sache de quoi nous avons besoin, avant de le Lui demander (Matthieu 6:8), Il nous dit: *«Demandez, et l'on vous donnera ... Car quiconque demande reçoit... à combien plus forte raison votre Père qui est dans les cieux donnera-t-il de bonnes choses à ceux qui les lui demandent»* (Matthieu 7:7-11).

En outre, comme Dieu nous a dit dans la Bible, nous avons besoin de Lui demander et de L'invoquer afin de recevoir Ses réponses (Jérémie 33:3; Jean 14:14). Les enfants de Dieu qui croient vraiment en Sa parole doivent toujours demander à Dieu, même s'Il avait parlé et dit qu'Il agirait.

D'une part, quand Dieu dit: *« Je vais le faire »*, si nous croyons et obéissons à Sa parole, nous recevrons les réponses. D'autre part, si nous doutons, si nous éprouvons Dieu, si nous ne parvenons pas à être reconnaissants et nous nous plaignons au moment des épreuves et souffrances - en somme, si nous n'arrivons pas à croire en la promesse de Dieu - nous ne pourrons pas recevoir des réponses de Dieu. Même si Dieu a promis *« Je vais le faire »*, cette promesse ne pourra pas être accomplie que lorsque nous tenons fermement à cette promesse dans la prière et les œuvres. Nous ne pourrons pas dire d'une personne qu'elle a la foi, si elle ne demande pas mais se contente de la promesse de Dieu et dit: «Puisque Dieu a dit, ce sera fait ». Cette personne ne peut pas, non plus, recevoir des réponses de Dieu parce que ses paroles ne se traduisent pas concrètement par des actes.

2. Nous devons demander pour recevoir des réponses de Dieu

D'abord, vous devez prier pour détruire le mur qui se dresse entre vous et Dieu.

Lorsque Daniel fut pris comme captif à Babylone après la chute de Jérusalem, il tomba sur les Écritures contenant la prophétie de Jérémie et apprit que la désolation de Jérusalem allait durer soixante-dix ans. Au cours de ces soixante-dix ans, comme Daniel l'avait appris, Israël servirait le roi de Babylone. Et une fois que les soixante-dix ans s'écouleraient, le roi de Babylone, son royaume, et le pays des Chaldéens, deviendraient maudits et perpétuellement abandonnés à cause de leurs péchés. Bien que, pendant ce temps-là, les Israélites fussent captifs à Babylone, la prophétie de Jérémie-qu'ils deviendraient indépendants et retourneraient dans leur patrie après soixante-dix ans-avait été une source de joie et de soulagement pour Daniel.

Cependant, Daniel n'avait pas partagé sa joie avec ses frères, les Israélites, bien qu'il pût le faire facilement. Au lieu de cela, Daniel avait fait un serment d'implorer Dieu, en ayant recours à la prière et aux supplications, en jeûnant et en prenant le sac et la cendre. Et il se repentit parce que lui et son peuple avaient péché, commis l'iniquité, avaient été méchants et rebelles, et qu'ils s'étaient détournés de Ses commandements et de Ses ordonnances. (Daniel 9:3-19).

Dieu avait révélé, à travers le prophète Jérémie, la fin de la captivité, après sept décennies. Il n'avait pas dévoilé comment la captivité d'Israël à Babylone se terminerait. Cependant, parce que Daniel connaissait la loi du monde spirituel, il était bien conscient que le mur qui s'élevait entre Israël et Dieu devrait d'abord être détruit pour que la parole de Dieu fût accomplie. En faisant cela, Daniel avait traduit sa foi par son acte. Comme Daniel avait jeûné et s'était repenti-pour lui et pour le reste des Israélites-pour avoir péché contre Dieu et par la suite ils avaient été maudits, Dieu avait détruit ce mur, avait répondu à Daniel, et avait accordé aux Israélites « soixante-dix sept [semaines] ». Et, Il lui avait révélé d'autres secrets.

Une fois devenus enfants de Dieu, qui demandent selon la parole de notre Père, nous devons réaliser que la destruction du mur de péché précède toute réponse à notre prière. Et de ce fait, la destruction de ce mur devra être une priorité.

Deuxièmement, nous devons prier par la foi et dans l'obéissance.
Dans Exode 3:6-8, nous lisons la promesse de Dieu au peuple d'Israël qui, à l'époque, était asservi en Egypte. Dieu avait promis qu'il délivrerait les Israélites de la main des Egyptiens, et qu'Il les ferait monter de ce pays et les mèneraient à Canaan, le pays où coulent le lait et le miel. Canaan est le pays que Dieu avait promis

aux Israélites de le leur donner en possession (Exode 6:8). Il avait promis, en jurant, de le donner à leur postérité, et leur commanda de monter vers ce pays. (Exode 33:1-3). C'était le pays promis et Dieu avait commandé à Israël de détruire toutes les idoles et avait mis en garde le peuple d'Israël contre une alliance avec les gens qui y vivaient déjà et avec leurs dieux, pour que les Israélites ne fassent pas un piège entre eux et leur Dieu. Cela fut une promesse de Dieu qui accomplit toujours ce qu'il promet. Pourquoi, alors, les Israélites étaient incapables d'entrer à Canaan?

Les enfants d'Israël murmuraient contre Dieu (Nombres 14:1-3) parce qu'ils ne croyaient pas en Lui et en Sa puissance ; ils Lui désobéirent et, par conséquent, ils ne purent pas entrer dans le pays promis bien qu'ils fussent au seuil (Nombres 14:21-23, Hébreux 3: 18-19). En bref, même si Dieu avait promis aux Israélites la terre de Canaan, cette promesse serait sans valeur s'ils ne croyaient pas en Lui ou qu'ils ne Lui obéissaient pas. S'ils avaient cru et obéi, cette promesse aurait sûrement été accomplie. En fin de compte, seuls Josué et Caleb, qui avaient cru en la parole de Dieu, avaient pu entrer dans le pays de Canaan avec les descendants des Israélites (Josué 14:6-12). À travers l'histoire d'Israël, gardons à l'esprit que nous pouvons recevoir les réponses de Dieu seulement lorsque nous lui obéissons et que nous lui demandons en croyant à Sa promesse ; et sachons que nous recevons ses réponses en Lui demandant par la foi.

Comme les enfants d'Israël ne crurent pas en la puissance de Dieu, même Moïse, lui-même, fut interdit d'entrer dans le pays promis, bien qu'il crût sans aucun doute en la promesse de Dieu concernant le pays de Canaan. Parfois, Dieu répondait et manifestait Ses œuvres par la foi d'un seul homme ; mais d'autres fois, Il ne répondait que lorsque toute la multitude montrait une foi solide permettant la manifestation de Son œuvre. Pour entrer dans le pays de Canaan, Dieu ne voulait pas seulement la foi de Moïse, mais Il voulait que tous les enfants d'Israël fussent animés d'une foi ferme. Comme, Dieu n'avait pas trouvé ce genre de foi parmi le peuple d'Israël, il n'avait pas permis leur entrée à Canaan. Gardez à l'esprit que lorsque Dieu cherche la foi, non seulement d'un seul individu, mais celle de la multitude, tous les gens ont besoin de prier par la foi et dans l'obéissance, et ils doivent tous être d'un seul cœur et d'une seule âme, afin de recevoir Ses réponses.

Nous lisons dans la Bible (Marc 5 : 25- 34) qu'une femme souffrait d'une perte de sang pendant 12 ans. Quand elle toucha les vêtements de Jésus, au même instant la perte de sang s'arrêta et Jésus lui demanda: «Qui a touché mes vêtements? » Par cette question, Jésus la poussa à témoigner de sa guérison devant toutes les personnes qui étaient rassemblées (Marc 5:25 - 34).

Lorsqu'un individu témoigne de l'œuvre de Dieu, qui se manifeste dans sa vie, il aide ainsi les autres pour accroître leur propre foi et les fortifie afin de devenir des hommes de prière qui demandent de Dieu et reçoivent Ses réponses. Le fait de recevoir, par la foi, les réponses de Dieu fortifie la foi des non croyants et les aide pour rencontrer Dieu le vivant ; c'est vraiment une voie magnifique pour Lui rendre gloire.

Recevons toujours Ses réponses ; soyons Ses enfants bénis ; et rendons-Lui gloire de tout notre cœur. Et cela, en croyant à la parole bénie de Dieu qui se trouve dans la Bible, en Lui obéissant, et en gardant à l'esprit que nous avons encore besoin de demander, même si Dieu nous a promis en disant : « j'ai parlé et j'agirai ».

Chapitre 3

La Loi Spirituelle sur les Réponses de Dieu

« Après être sorti, [Jésus] alla, selon sa coutume, à la montagne des oliviers. Ses disciples le suivirent. Lorsqu'il fut arrivé dans ce lieu, il leur dit : Priez, afin que vous ne tombiez pas en tentation. Puis il s'éloigna d'eux à la distance d'environ un jet de pierre, et, s'étant mis à genoux, il pria, disant : Père, si tu voulais éloigner de moi cette coupe ! Toutefois, que ma volonté ne se fasse pas, mais la tienne. Alors un ange lui apparut du ciel, pour le fortifier. Étant en agonie, il priait plus instamment, et sa sueur devint comme des grumeaux de sang, qui tombaient à terre. Après avoir prié, il se leva, et vint vers les disciples, qu'il trouva endormis de tristesse, et il leur dit : Pourquoi dormez-vous ? Levez-vous et priez, afin que vous ne tombiez pas en tentation. »

(Luc 22:39-46).

Les enfants de Dieu reçoivent le salut et ont le droit de recevoir de Dieu tout ce qu'ils demandent par la foi. C'est pourquoi nous lisons dans Matthieu 21:22: *«Tout ce que vous demanderez avec foi par la prière, vous le recevrez.»*

Pourtant, beaucoup de gens se demandent pourquoi, après avoir prié, ils ne reçoivent pas les réponses de Dieu. Et ils se demandent aussi si leur prière avait été entendue par Dieu, ou même ils se doutent si Dieu a même entendu leur prière.

Tout comme nous avons besoin de connaître les moyens convenables et les itinéraires pour faire un voyage vers une certaine destination sans problème, nous avons aussi besoin d'être conscients des méthodes appropriées et des voies de la prière pour pouvoir recevoir rapidement les réponses de Dieu. La prière en elle-même ne garantit pas les réponses de Dieu, nous avons besoin d'apprendre la loi du monde spirituel sur Ses réponses et prier conformément à cette loi.

Étudions la loi du monde spirituel sur les réponses de Dieu et sa relation avec les sept Esprits de Dieu.

1. La loi du monde spirituel concernant les réponses de Dieu

Car la prière est le fait de demander au Dieu tout-puissant des choses que nous désirons et dont nous avons besoin, pour cela, nous ne pouvons recevoir Ses réponses que lorsque nous lui demandons, conformément à la loi du monde spirituel. Les efforts de l'homme, ses pensées, sa gloire et ses connaissances personnelles ne peuvent jamais l'aider à recevoir des réponses de Dieu, quelque soit leur degré.

Puisque Dieu est un juste juge (Psaume 7:12), entend notre prière, et Il y répond, il nous exige un montant convenable en échange de ses réponses. Les réponses de Dieu à notre prière peuvent être comparées à l'achat de la viande chez un boucher. Si le boucher est assimilé à Dieu, la balance qu'il utilise peut être le dispositif avec lequel Dieu mesure, tout en se basant sur la loi du monde spirituel, pour voir si une personne reçoit Ses réponses.

Supposons que nous sommes allés chez un boucher pour acheter deux livres de bœuf. Quand nous lui demandons la quantité de viande dont nous avons besoin, le boucher pèse la viande et voit si la viande équivaut à deux livres. Si la viande sur la balance vaut deux livres, le boucher prend la somme d'argent appropriée pour les deux livres de bœuf, enroule la viande, et il nous la donne.

De la même manière, quand Dieu répond à notre prière, il reçoit en contre partie de notre part quelque chose pour Ses réponses. Telle est la loi du monde spirituel sur les réponses de Dieu.

Dieu entend notre prière, accepte de notre part quelque chose d'une valeur convenable, et puis il exauce notre prière. Si une personne n'a pas encore reçu les réponses de Dieu à sa prière, c'est parce qu'elle n'a pas encore présenté à Dieu un montant qui équivaut à Ses réponses. Comme la quantité nécessaire pour recevoir Ses réponses varie selon le contenu de la prière, la personne doit continuer à prier jusqu'à ce qu'elle accumule la valeur nécessaire et jusqu'à ce qu'elle ait la foi qui lui permet de recevoir des réponses de Dieu. Même si nous, nous ne savons pas en détail la quantité de prières qui convient parfaitement à ce que Dieu nous demande, Lui, Il le sait. Par conséquent, comme nous faisons très attention à la voix du Saint-Esprit, nous devons demander à Dieu des choses par le jeûne, d'autres choses avec des prières de voeux tous les soirs, d'autres avec la prière de larmes, et d'autres encore avec des offrandes d'action de grâces. De telles œuvres accumulent la quantité nécessaire pour recevoir des réponses de Dieu. Dieu nous donne aussi le genre de foi par lequel nous pouvons croire et nous bénit avec Ses réponses.

Même si deux individus font ensemble un vœu de prière, l'un reçoit les réponses de Dieu immédiatement après avoir commencé la prière, alors que l'autre ne parvient pas à recevoir Ses réponses, même si le temps de la prière s'est écoulé. Quelles explications peut-on donner à cette disparité ?

Dieu est sage et fait ses plans à l'avance ; si Dieu trouve qu'un individu possède un cœur qui peut continuer à prier jusqu'à ce que la période de la prière de vœu soit achevée, Il exaucera tout de suite la demande de la personne. Mais si un individu ne parvient pas à recevoir des réponses de Dieu pour un problème qu'il continue à endurer c'est parce qu'il n'a pas réussi à donner à Dieu une quantité de prières suffisante qui équivaut à Ses réponses. Lorsque nous nous engageons à prier pour une certaine période de temps, nous devons savoir que Dieu a préparé nos cœurs parce qu'il voudra recevoir la quantité de prières qui équivaut à Ses réponses. Par conséquent, si nous ne parvenons pas à accumuler cette quantité de prières, nous ne parvenons pas à recevoir des réponses de Dieu.

Par exemple, si un homme prie pour sa future épouse, Dieu cherche pour lui une épouse convenable et prépare tout afin que toutes choses concourent à son bien. Cela ne signifie pas que l'épouse convenable apparaîtra devant l'homme même s'il n'a pas encore l'âge de se marier, seulement parce qu'il a prié pour cela. Comme Dieu répond à ceux qui croient qu'ils ont reçu Ses réponses au moment qu'Il choisit, Il leur révélera Son œuvre. Cependant, quand la prière d'une personne n'est pas en conformité avec Sa volonté, quelque soit la quantité des prières, Dieu ne donnera aucune réponse. Si ce même homme prie pour une épouse qui ait de bonnes conditions, pour l'aspect éducatif, la richesse, la célébrité, et bien d'autres choses - en d'autres termes, une prière qui jaillit d'avidité et selon ses propres désirs - Dieu n'exaucera pas sa prière. Même si deux personnes prient Dieu pour le même problème exactement, la quantité de prières que Dieu reçoit de chacun sera différente et cela parce que le degré de leur sanctification et la mesure de foi de chacun sont différents (Apocalypse 5:8). L'un peut recevoir des réponses de Dieu dans un mois tandis que l'autre après un jour.

En outre, plus l'importance des réponses de Dieu à la prière est grande, plus la quantité de ses prières doit être grande. Selon la loi du monde spirituel, un grand vase passe par de grandes épreuves et en sort comme de l'or, alors qu'un petit vase passe par des épreuves moins grandes et il sera très peu utilisé par Dieu. Par conséquent, nul ne doit décevoir Dieu en jugeant les autres et en disant: «Regardez toutes ses difficultés, malgré sa fidélité!». Parmi nos ancêtres de la foi, Moïse a été testé pendant 40 ans et Jacob pendant 20 ans, et nous savons combien ils étaient tous les deux, aux yeux de Dieu, des vases convenables et combien Il les a utilisés pour Son grand dessein après avoir enduré les épreuves.

Pensons au processus permettant de former une équipe nationale de football. Si l'un des joueurs a la compétence qui lui permet d'être parmi ceux qui participent à une compétition, il ne pourra représenter son pays qu'après une certaine période d'entraînement et d'efforts.

Quelle que soit l'importance de la réponse que nous cherchons de Dieu, grande ou petite, nous devons toucher Son cœur pour recevoir Ses réponses. En priant pour recevoir tout ce que nous demandons, Dieu sera touché et nous répondra quand nous lui présentons une quantité de prières satisfaisante, quand nous purifions nos cœurs pour ne pas faire ériger un mur de péché entre Dieu et nous, quand nous Lui rendons grâces, quand nous nous réjouissons et que nous Lui présentons des offrandes et autres choses comme un témoignage de notre foi en Lui.

2. La relation entre la loi du monde spirituel et les Sept Esprits

Comme nous l'avons déjà vu avec la métaphore de la boucherie et sa balance, Dieu mesure la quantité de la prière de tout le monde, sans la moindre erreur et détermine si la personne a accumulé une quantité convenable de prières, et cela selon la loi du monde spirituel. Alors que la plupart des gens portent des jugements sur un objet particulier par ce qui est visible à leurs yeux, Dieu fait une évaluation précise avec les sept Esprits de Dieu (Apocalypse 5:6). En d'autres termes, quand un individu est déclaré qualifié par les sept Esprits, il reçoit des réponses de Dieu à sa prière.

3. Que mesurent les sept Esprits?

Tout d'abord, les sept Esprits mesurent la foi d'une personne.

Dans la foi, il y a «la foi spirituelle» et « la foi charnelle ». Le genre de foi que mesurent les sept Esprits n'est pas la foi comme connaissance-« la foi charnelle »-, mais la foi spirituelle qui est vivante et qui agit avec ses œuvres (Jacques 2:22). Par exemple, Marc 9 parle d'un père qui avait ramené auprès de Jésus son fils, possédé d'un esprit muet. (Marc 9:17). Le père dit à Jésus: «Je crois ! Viens au secours de mon incrédulité !» Ici, le père avoua sa foi charnelle, en disant: «Je crois » et lui demanda la foi spirituelle, en disant: « viens au secours de mon incrédulité

» ! Jésus exauça la demande du père tout de suite et guérit l'enfant (Marc 9:18-27).

Sans la foi, il est impossible de plaire à Dieu (Hébreux 11:6). Pourtant, comme nous pouvons réaliser les désirs de nos cœurs quand nous faisons ce qui plaît à Dieu, alors, nous pouvons réaliser les désirs de nos cœurs par la foi qui peut plaire à Dieu. Par conséquent, si nous ne recevons pas les réponses de Dieu, bien que Dieu nous ait dit : *« qu'il te soit fait selon ta foi»*, cela signifie que notre foi n'est pas encore parfaite.

Deuxièmement, les sept Esprits mesurent la joie d'une personne.

1 Thessaloniciens 5:16 nous dit : « soyez toujours joyeux », donc c'est la volonté de Dieu qui nous demande d'être toujours joyeux. Durant les moments difficiles, beaucoup de croyants, au lieu d'être joyeux, se trouvent pris par l'angoisse, la peur et l'inquiétude. S'ils croient vraiment au Dieu vivant de tout leur cœur, ils peuvent toujours être joyeux quelle que soit la situation dans laquelle ils se trouvent. Ils peuvent être joyeux dans le fervent espoir de l'éternel royaume céleste, et non pas dans ce monde qui ne tardera pas à disparaître.

Troisièmement, les sept Esprits mesurent la prière d'une personne.

Comme Dieu nous dit de prier sans cesse (1 Thessaloniciens 5:17) et promet de donner à ceux qui Lui demandent (Matthieu 7:7), alors bien sûr que nous allons recevoir de Dieu ce que nous demandons dans la prière. Le genre de prière qui plaît à Dieu, et qui est selon Sa volonté, est la prière qui devient une coutume (Luc 22:39) et durant laquelle on se met à genoux. Avec une telle attitude et posture, nous allons naturellement appeler Dieu de tout notre cœur et prier avec foi et amour. Dieu examine ce genre de prière. Nous ne devons pas prier seulement quand nous voulons quelque chose ou quand nous sommes attristés, répétant sans cesse notre prière. Mais nous devons prier selon la volonté de Dieu (Luc 22:39-41).

Quatrièmement, les sept Esprits mesurent si la personne rend grâces.

Comme Dieu nous a ordonné de rendre grâces en toutes choses (1 Thessaloniciens 5:18), toute personne ayant la foi doit naturellement rendre grâces en toutes choses de tout son cœur. Comment ne pas remercier Dieu et Lui rendre grâces, Lui qui nous a menés de la voie de la destruction vers la voie de la vie éternelle ? Nous devons être reconnaissants à Dieu qui rencontre ceux qui le cherchent sincèrement, et qui répond à ceux qui Lui demandent. En outre, même si nous sommes confrontés à des difficultés au cours de notre courte vie dans ce monde, nous devons être reconnaissants, parce que notre espérance est dans le ciel éternel.

Cinquièmement, les sept Esprits mesurent si la personne garde les commandements de Dieu.

1 Jean 5:2 nous dit: *«Nous connaissons que nous aimons les enfants de Dieu, lorsque nous aimons Dieu, et que nous pratiquons ses commandements».* Et les commandements de Dieu ne sont pas pénibles (1 Jean 5:3). Un individu qui a l'habitude de prier sur ses genoux, prie avec un amour provenant de sa foi. Par sa foi et son amour pour Dieu, il priera en conformité avec Sa parole.

Pourtant, de nombreuses personnes se plaignent du manque de réponses de Dieu ; elles vont à l'encontre de ce que leur dit la Bible. Tout ce que ces personnes doivent faire c'est croire à ce que la Bible leur dit et y obéir. Toutefois, ces gens sont prompts à mettre la Parole de Dieu de côté et à évaluer chaque situation en fonction de leurs propres pensées et théories ; puis ils prient selon leurs propres bénéfices. Pour cela, Dieu tourne son visage loin d'eux et ne leur répond pas.

Supposons que tu as promis de rencontrer ton ami dans une gare à New York mais par la suite tu te rends compte que tu préfères le bus, et tu prends le bus pour New York au lieu de voyager en train. Peu importe combien de temps tu attends à la gare routière, tu ne pourras jamais rencontrer ton ami. Si tu vas à l'ouest, même après que Dieu te dis « va à l'est », tu n'obéis pas ainsi à Dieu. Comme c'est tragique et navrant de voir tant de chrétiens qui possèdent une telle foi. Ce n'est ni la foi ni l'amour. Si nous disons que nous aimons Dieu, il est tout naturel pour nous de garder Ses commandements (Jean 14:15; 1 Jean 5:3).

L'amour pour Dieu te mènera à prier d'autant plus avec plus de ferveur et persévérance. Cela donnera les fruits du salut des âmes, de l'évangélisation, et l'accomplissement du royaume de Dieu et Sa justice. En outre, ton âme va prospérer et tu recevras la puissance de la prière. Comme tu recevras la réponse de Dieu et que tu donneras gloire à Dieu, et comme tu crois que ta rétribution sera dans le ciel, tu rendras grâces sans te lasser. Ainsi, si nous professons notre foi en Dieu, il sera tout naturel pour nous d'obéir aux Dix Commandements, qui résument les soixante-six livres de la Bible.

Sixièmement, les sept Esprits mesurent la fidélité de la personne.

Dieu veut que nous soyons fidèles non pas tout simplement dans un domaine particulier, mais dans toute sa maison. En outre, tel qu'il est inscrit dans 1 Corinthiens 4:2 : « *Du reste, ce qu'on demande des dispensateurs, c'est que chacun soit trouvé fidèle*», il est bon, pour ceux à qui Dieu a attribué des devoirs, de demander à Dieu de les renforcer pour être fidèles en toutes choses et pour gagner la confiance des gens autour d'eux. En outre, ils devraient demander la fidélité à la maison et au travail et, comme ils s'efforcent d'être fidèles en toutes choses, leur fidélité doit être accomplie dans la vérité.

Septièmement et dernièrement, les sept Esprits mesurent l'amour de la personne.

Même si une personne est qualifiée selon les six normes ci-dessus, Dieu nous dit que sans amour, nous ne sommes « rien », mais « une cymbale qui retentit ». Il nous dit aussi que, parmi la foi, l'espérance et l'amour, l'amour est le plus grand. En outre, Jésus a accompli la loi dans l'amour (Romains 13:10) et, étant ses enfants, il est juste pour nous de s'aimer les uns les autres.

Afin de recevoir de Dieu des réponses à notre prière, nous devons d'abord être qualifiés selon les normes des mesures des sept Esprits. Est-ce que cela veut dire que les nouveaux croyants, qui ne connaissent pas encore la vérité, sont incapables de recevoir des réponses de Dieu ?

Supposons qu'un petit enfant qui ne peut pas parler, un jour prononce très clairement « maman », ses parents seraient si heureux et donneraient à leur enfant tout ce qu'il désire.

De la même façon, comme il y a différents niveaux de foi, les sept Esprits mesurent chacun et répond selon le degré de foi. Par conséquent, Dieu est touché et ravi de répondre à un novice quand il manifeste la foi, même s'il s'agit de peu de foi. Dieu est touché et ravi de répondre quand les croyants sont du deuxième ou troisième niveau de foi et que leur foi se fortifie de plus en plus. Alors que les croyants dont la foi est du quatrième ou cinquième niveau, qui vivent selon la volonté de Dieu et prient beaucoup plus, sont instantanément qualifiés par les sept Esprits pour recevoir des réponses de Dieu plus rapidement.

En somme, plus notre foi en Dieu atteint un niveau élevé,

plus nous recevons rapidement les réponses de Dieu, -en d'autres termes, lorsque nous serons plus conscients de la loi du monde spirituel et que nous mènerons notre vie selon cette loi. Mais, pour quelles raisons les novices reçoivent souvent des réponses de Dieu plus rapidement ? C'est par la grâce qu'ils reçoivent les réponses de Dieu ; un nouveau croyant devient rempli de l'Esprit Saint et qualifié selon les sept Esprits. Pour cela, il reçoit les réponses de Dieu plus rapidement.

Toutefois, comme il va plus loin dans la vérité, il devient paresseux et perd peu à peu le premier amour, et le zèle qu'il avait autrefois se refroidit. Puis, il aura une tendance à croire qu'il pourra, avec le temps, améliorer la situation.

Dans notre ardeur pour Dieu, laissons-nous devenir bons aux yeux des sept Esprits en vivant avec zèle dans la vérité, laissons-nous recevoir de notre Père tout ce que nous Lui demandons dans la prière, et laissons-nous mener une vie bénie dans laquelle nous Lui rendons gloire !

Chapitre 4

Détruire le mur du péché

Non, la main de l'Éternel n'est pas trop courte pour sauver,
Ni son oreille trop dure pour entendre. Mais ce sont vos crimes
qui mettent une séparation Entre vous et votre Dieu ;
Ce sont vos péchés qui vous cachent sa face
Et l'empêchent de vous écouter.

(Ésaïe 59:1-2).

Dieu dit à Ses enfants : *«Demandez, et l'on vous donnera ; cherchez, et vous trouverez ; frappez, et l'on vous ouvrira. Car quiconque demande reçoit, celui qui cherche trouve, et l'on ouvre à celui qui frappe»*, Matthieu 7:7-8. Et Il leur promet de répondre à leur prière. Cependant, pourquoi, malgré Sa promesse, certains gens ne parviennent pas à recevoir des réponses de Dieu à leur prière?

Dieu n'entend pas la prière des pécheurs; Il tourne son visage loin d'eux. Il est également incapable de répondre à la prière des gens dont les péchés les séparent de Dieu, dans leur chemin vers Lui. Par conséquent, pour que nous soyons en bonne santé, pour que tout aille bien avec nous, et que même nos âmes prospèrent, la destruction du mur du péché, qui bloque notre chemin vers Dieu, doit être une priorité.

En découvrant les divers éléments qui ont engendré la construction du mur de péchés, j'incite chacun d'entre vous à devenir enfant béni de Dieu qui se repent de ses péchés, s'il y a un mur de péchés entre Dieu et lui-même, pour qu'il reçoive, par la prière, tout ce qu'il demande à Dieu et pour qu'il donne gloire à Dieu.

1. Détruis le mur du péché résultant de ton manque de foi et ton refus d'accepter le Seigneur comme ton Sauveur

La Bible dit que c'est un péché pour toute personne qui ne croit pas en Dieu et n'accepte pas Jésus-Christ comme son

Sauveur (Jean 16:9). Beaucoup de gens disent : « je suis sans péché, car j'ai mené une bonne vie » ; mais ces gens font de tels commentaires vu leur ignorance spirituelle et parce qu'ils ne connaissent pas la nature du péché. Et comme la parole de Dieu n'est pas dans leur cœur, ces personnes ne savent pas la différence entre ce qui est juste et ce qui est faux, et ne peuvent pas distinguer le bien du mal. En outre, si les normes de ce monde mènent ces gens à trouver qu'ils ne font pas du mal, qu'ils ne sont pas mauvais, ils peuvent affirmer, sans réserve, qu'ils sont bons et cela parce qu'ils ignorent la vraie justice.

Une personne peut croire qu'elle mène une bonne vie. Mais, peu importe son mode de vie. Quand elle revoit et juge sa vie à la lumière de la Parole de Dieu, après avoir accepté Jésus-Christ, elle découvrira que sa vie n'a pas été du tout « bonne ». Cela aura lieu parce qu'elle se rendra compte que le fait de ne pas avoir cru en Dieu et accepté Jésus-Christ est le plus grand péché. Dieu est obligé de répondre à la prière des personnes qui, ayant accepté Jésus-Christ, sont devenus Ses enfants. Et les enfants de Dieu ont le droit de recevoir Ses réponses à leurs prières, selon Sa promesse.

La raison pour laquelle les enfants de Dieu - qui croient en Lui et ont accepté Jésus-Christ comme leur Sauveur- sont incapables de recevoir des réponses à leurs prières, c'est parce qu'ils ne reconnaissent pas l'existence d'un mur qui, résultant de leur péché et du mal, se dresse entre Dieu et eux-mêmes. C'est pourquoi, même quand ils jeûnent ou passent toute la nuit dans la prière, Dieu tournera Sa face contre eux et ne répondra pas à leur prière.

2. Détruis le péché de ne pas s'aimer les uns les autres

Dieu nous dit que, étant Ses enfants, nous devons nous aimer les uns les autres (1 Jean 4:11). En outre, parce qu'il nous dit d'aimer même nos ennemis (Matthieu 5:44), le fait de haïr nos frères, au lieu de les aimer, est une désobéissance à la parole de Dieu et constitue par conséquent un péché.

Comme Jésus-Christ a montré, à travers Sa crucifixion, Son amour pour l'humanité confinée dans le péché et le mal, il est juste que nous aimions nos parents, frères et enfants. C'est un grave péché devant Dieu, si nous hébergeons en nous de mauvais sentiments, comme la haine et le refus de nous pardonner les uns les autres. Dieu ne nous a pas commandés de lui montrer le genre d'amour par lequel Jésus est mort sur la croix pour racheter l'homme de ses péchés; Il nous a simplement demandé de renoncer à la haine et, au lieu de détester les autres, de pardonner. Pourquoi, alors, est-ce si difficile?

Dieu nous dit : Quiconque hait son frère est un « meurtrier » (1 Jean 3:15), et que C'est ainsi que Notre Père céleste nous traitera, si chacun de nous ne pardonne à son frère de tout son cœur (Matthieu 18:35). Dieu nous demande aussi d'aimer et de ne pas nous plaindre contre nos frères, afin que nous ne soyons pas jugés. (Jacques 5:9).

Comme le Saint-Esprit habite en chacun de nous, nous pouvons aimer tous les gens par l'amour de Jésus-Christ qui a été crucifié et nous a rachetés de nos péchés du passé, du présent et de l'avenir. Nous pouvons aimer tous les gens lorsque nous nous repentons devant Lui, que nous renonçons au mal et recevons Son pardon. Cependant, les gens de ce monde, qui ne croient pas en Jésus-Christ, ne seront pas pardonnés, même s'ils se repentent, et ils sont incapables de se partager le vrai amour sans l'aide du Saint-Esprit.

Même si ton frère te hait, tu dois posséder un cœur rempli par la vérité, pour pouvoir comprendre ton frère, lui pardonner, et prier pour lui dans l'amour, de sorte que tu ne succombes pas, toi-même, dans le péché. Si nous détestons nos frères au lieu de les aimer, nous commettons le péché devant Dieu, perdons la plénitude de l'Esprit Saint, devenons des misérables qui se lamentent continuellement tous les jours. Et, nous ne devons pas attendre que Dieu réponde à notre prière.

Ce n'est que par l'aide de l'Esprit Saint que nous pouvons nous aimer les uns les autres, comprendre nos frères, les pardonner et recevoir de Dieu ce que nous demandons dans la prière.

3. Détruire le mur du péché de la désobéissance aux commandements de Dieu

Dans Jean 14:21, Jésus nous dit: «*Celui qui a mes commandements et qui les garde, c'est celui qui m'aime ; et celui qui m'aime sera aimé de mon Père, je l'aimerai, et je me ferai connaître à lui.*» Pour cette raison, 1 Jean 3:21 nous dit : « *Bien-aimés, si notre cœur ne nous condamne pas, nous avons de l'assurance devant Dieu.* » En d'autres termes, si un mur de péché a été érigé à cause de notre désobéissance aux commandements de Dieu, nous ne pourrons pas recevoir Ses réponses à notre prière. Lorsque les enfants de Dieu obéissent aux ordres de Leur père et font ce qui Lui plait, à ce moment là seulement, ils peuvent lui demander tout ce qu'ils désirent avec assurance et ils recevront tout ce qu'ils demandent.

1 Jean 3:24 nous rappelle : « *Celui qui garde Ses commandements demeure en Dieu, et Dieu en lui ; et nous connaissons qu'il demeure en nous par l'Esprit qu'il nous a donné.* » Il souligne que lorsqu'une personne se donne totalement au Seigneur, elle aura le cœur rempli de la vérité, et vivra guidée par le Saint-Esprit. Alors, elle pourra recevoir tout ce qu'elle demande et tout ce qu'elle fait dans la vie réussira.

Par exemple, si une personne a cent chambres dans son cœur et elle les a données au Seigneur, son âme va ainsi prospérer et tout ce qu'elle fera sera béni. Mais, si la même personne donne au Seigneur cinquante chambres et garde l'autre cinquante à sa disposition, elle ne pourra pas toujours obtenir des réponses de Dieu, et cela parce qu'elle ne se laisse pas toujours guider par le

Saint-Esprit ; alors, la moitié du temps elle reçoit les conseils de l'Esprit Saint, et l'autre moitié elle demande à Dieu en comptant sur ses pensées ou en conformité avec les désirs de la chair. Comme notre Seigneur habite en chacun de nous, même s'il y a un obstacle devant nous, il nous fortifiera pour s'en éloigner ou même pour s'en détourner. Même si nous marchons dans la vallée de l'ombre, Il nous donnera un moyen pour l'éviter, fera que toutes choses concourent à notre bien et nous mènera vers la prospérité.

Lorsque nous plaisons à Dieu, en obéissant à Ses commandements, nous vivons en Dieu et Il vit en nous, et nous pouvons Lui rendre gloire quand nous recevons tout ce que nous demandons dans la prière. Détruisons le mur du péché de la désobéissance aux commandements de Dieu, commençons à les obéir, soyons sûrs devant Dieu, et donnons-Lui gloire en recevant tout ce que nous demandons.

4. Détruis le mur du péché des prières dans le but de réaliser tes envies

Dieu nous dit de faire tout dans la vie pour Sa gloire (1 Corinthiens 10:31). Si nous prions pour quelque chose à l'exception de Sa gloire, nous chercherons à satisfaire nos passions et désirs de la chair, et nous ne pouvons pas recevoir des réponses de Dieu à de telles demandes (Jacques 4:3).

D'une part, si vous cherchez des bénédictions matérielles pour le royaume de Dieu, pour Sa justice, pour soutenir les pauvres et pour le salut des âmes, vous recevrez des réponses de Dieu parce que vous cherchez en fait Sa gloire. D'autre part, si vous cherchez des bénédictions matérielles dans le but de se vanter devant un frère qui vous reproche et vous dit : «Comment pouvez-vous être pauvre quand vous allez à l'église?», dans ce cas là, vous priez en conformité avec le mal pour satisfaire vos envies, et il n'y aura pas de réponses à vos prières. Même dans ce monde, les parents qui aiment vraiment leur enfant ne leur donnent pas 100 $ à gaspiller dans une galerie. De la même façon, Dieu ne veut pas que Ses enfants prennent la mauvaise voie et pour cette raison, il ne répond pas à toutes les demandes de Ses enfants.

1 Jean 5:14-15 nous dit: *«Nous avons auprès de lui cette assurance, que si nous demandons quelque chose selon sa volonté, il nous écoute. Et si nous savons qu'il nous écoute, quelque chose que nous demandions, nous savons que nous possédons la chose que nous lui avons demandée.»* C'est seulement quand nous nous débarrassons de nos envies et que nous prions selon la volonté de Dieu et pour Sa gloire, que nous allons recevoir tout ce que nous Lui demandons dans la prière.

5. Détruis le mur du péché du doute dans la prière

Dieu est heureux quand nous Lui manifestons notre foi ; sans la foi il est impossible de Lui être agréable (Hébreux 11:6). Même dans la Bible, nous pouvons trouver de nombreux cas où les réponses de Dieu ont été accordée à des gens qui ont montré leur foi en Dieu (Matthieu 20:29-34, Marc 5:22-43, 9:17-27, 10:46-52). Quand les gens n'arrivaient pas à montrer leur foi en Dieu, ils furent réprimandés pour leur « peu de foi », même s'ils étaient des disciples de Jésus (Matthieu 8:23-27). Et, quand les gens montraient à Dieu leur grande foi en Lui, même le Gentil fut loué (Matthieu 15:28).

Dieu blâme ceux qui sont incapables de croire, même s'ils ont peu de doute (Marc 9:16-29), et nous dit que celui qui prie tout en conservant très peu de doute ne s'imagine pas qu'il recevra quelque chose du Seigneur (Jacques 1:6-7). En d'autres termes, même si nous jeûnons et prions toute la nuit, si notre prière est envahie par les doutes, nous ne devrions pas s'attendre à recevoir les réponses de Dieu.

Par ailleurs, Dieu nous rappelle, *« Je vous le dis en vérité, si quelqu'un dit à cette montagne: Ôte-toi de là et jette-toi dans la mer, et s'il ne doute point en son cœur, mais croit que ce qu'il dit arrive, il le verra s'accomplir. C'est pourquoi je vous dis : Tout ce que vous demanderez en priant, croyez que vous l'avez reçu, et vous le verrez s'accomplir. »* (Marc 11:23-24).

« Dieu n'est point un homme pour mentir, Ni fils d'un homme pour se repentir. Ce qu'il a dit, ne le fera-t-il pas ? Ce qu'il a déclaré, ne l'exécutera-t il pas ? » (Nombres 23:19). Comme Il l'a promis, Dieu répond à la prière de tous ceux qui croient en Lui et demandent Sa gloire. Les gens qui aiment

Dieu et possèdent la foi vont sûrement croire à Ses promesses et chercher la gloire de Dieu et c'est pourquoi il leur est dit de demander ce qu'ils veulent. Comme ils croient, demandent et reçoivent des réponses à tout ce qu'ils demandent, ces personnes peuvent donner gloire à Dieu. Débarrassons-nous de doutes ; ayons une foi absolue en Dieu, demandons, et recevons de Dieu afin que nous puissions Lui rendre gloire du fond de nos cœurs.

6. Détruis le mur de péché de ne pas semer Devant Dieu

Comme gouverneur de tout dans l'univers, Dieu a établi la loi du monde spirituel ; et comme un juste juge, Il oriente tout d'une manière ordonnée.

Le roi Darius n'avait pas pu sauver Daniel, son serviteur bien-aimé, de la fosse aux lions, car, même en tant que roi, il ne pouvait pas désobéir à l'ordonnance qu'il avait lui-même mise par écrit. De même, comme Dieu ne peut désobéir à la loi du monde spirituel que Lui-même avait mise en place, alors tout dans l'univers est géré systématiquement sous sa supervision. Par conséquent, « on ne se moque pas de Dieu » ; Il permet à l'homme de moissonner ce qu'il a semé (Galates 6:7). Si quelqu'un sème la prière, il reçoit des bénédictions spirituelles; s'il sème son temps, il reçoit les bénédictions de la bonne santé; s'il sème des offrandes, Dieu éloigne de lui tous les problèmes, que ce soit dans son entreprise, dans son travail, dans sa maison. En outre, les bénédictions matérielles lui seront accordées de plus en plus.

Lorsque nous semons devant Dieu, de diverses manières, Il répond à notre prière et nous donne tout ce que nous demandons. En semant passionnément devant Dieu, non seulement nous porterons des fruits abondants, mais aussi nous recevrons tout ce que nous Lui demandons dans la prière.

Outre ces six murs de péché mentionnés ci-dessus, le «péché» comprend les désirs et les œuvres de la chair comme l'injustice, l'envie, la rage, la colère, l'orgueil, le fait de ne pas se battre contre les péchés au point de résister jusqu'au sang et ne pas être dévoué pour le royaume de Dieu. En apprenant et comprenant une variété de facteurs qui constituent un mur de péché entre Dieu et nous, détruisons le mur du péché et recevons toujours les réponses de Dieu, et par conséquent nous Lui donnerons gloire. Nous devons tous être des croyants jouissant d'une bonne santé ; toutes nos affaires doivent réussir et nos âmes prospérer.

Basés sur la parole de Dieu inscrite dans Ésaïe 59:1-2, nous avons examiné un certain nombre de facteurs qui font dresser un mur entre Dieu et nous.

Que chacun de vous devienne un enfant béni de Dieu, qu'il comprenne d'abord la nature de ce mur, qu'il jouisse d'une bonne santé, que toutes ses affaires réussissent et même que son âme prospère, et donne gloire à son Père céleste en recevant tout ce qu'il demande dans la prière, au nom de Jésus-Christ je prie !

Chapitre 5

Tu moissonnes ce qui tu as semé

Sachez-le, celui qui sème peu moissonnera peu, et celui qui sème abondamment moissonnera abondamment. Que chacun donne comme il l'a résolu en son cœur, sans tristesse ni contrainte ; car Dieu aime celui qui donne avec joie.

―――❈―――

(2 Corinthiens 9:6-7).

Chaque automne, nous pouvons voir dans le champ l'abondance des plantes de riz mûrs semblables à des vagues dorées. Avant la période de la moisson, nous savons que les paysans se fatiguent dans le labeur, la semence des graines, la fertilisation du champ afin de cultiver les plantes pendant le printemps et l'été.

L'agriculteur qui a un grand champ et sème plus de graines doit labourer plus durement qu'un agriculteur qui sème moins de graines. Mais, espérant avoir une récolte plus grande, il travaille avec plus de soin et d'ardeur. Tout comme la loi de la nature qui dicte que «l'on moissonne ce qu'on a semé», il faut savoir que la loi de Dieu, Le Propriétaire du monde spirituel, en est pareille.

Parmi les chrétiens d'aujourd'hui, certains continuent à demander à Dieu de réaliser leurs désirs alors qu'ils ne sèment pas, et d'autres se plaignent du manque de Ses réponses, bien qu'ils prient beaucoup. Quoique Dieu veuille donner à Ses enfants des bénédictions débordantes et accorder des réponses à tous leurs problèmes, l'homme ne parvient pas souvent à comprendre la loi de la semence et de la moisson et ainsi ne reçoit pas ce qu'il désire de Dieu.

En nous basant sur la loi de la nature qui nous dit: « on moissonne ce qu'on a semé», découvrons ce que nous semons et comment nous le semons pour que nous puissions toujours recevoir des réponses de Dieu et lui donner gloire sans réserve.

1. Le champ doit d'abord être cultivé

Avant la semence, l'agriculteur doit cultiver le champ dans lequel il va travailler. Il ramasse des pierres, aplatit le terrain pour avoir une bonne terre où les graines peuvent pousser convenablement. Même une terre désolée peut devenir fertile ; cela dépend du dévouement et du labeur de l'agriculteur.

La Bible compare le cœur de chaque personne à un champ ; elle parle de quatre types différents (Matthieu 13:3-9).

Le premier type est « le champ près de la route. »
Le long du chemin, le sol de la route est solide. Une personne ayant un tel cœur va à l'église mais, même après avoir entendu la parole, elle n'ouvre pas la porte de son cœur. Par conséquent, elle est incapable de connaître Dieu et, comme elle n'a pas la foi, elle ne parvient pas à être éclairée.

Le deuxième type est « le champ pierreux. »
Dans cet endroit pierreux, les bourgeons ne peuvent pas bien pousser à cause des pierres. Une personne d'un tel cœur connaît la parole comme une simple connaissance et sa foi n'est pas accompagnée par des actes. Comme elle n'a pas la certitude de la foi, elle succombe rapidement dans les moments d'épreuve et de souffrance.

Le troisième type est « le champ épineux. »
Dans ce champ épineux, les bons fruits ne peuvent pas être

moissonnés car les épines grandissent et étouffent les plantes. Une personne ayant un tel cœur croit en la parole de Dieu et essaie de vivre selon la parole. Cependant elle n'agit pas en fonction de la volonté de Dieu, mais en conformité avec les désirs de la chair. Comme la croissance de la parole semée dans son cœur est altérée par la tentation des biens, du bénéfice et des préoccupations de ce monde, elle ne pourra pas porter de fruits. Même si une telle personne prie, elle ne sera pas capable de compter sur Dieu invisible, et ainsi elle aura recours rapidement à ses propres pensées et moyens. C'est pourquoi elle ne parvient pas à expérimenter la puissance de Dieu car Il peut regarder cette personne de loin.

Le quatrième type est « la bonne terre. »

Un croyant qui ressemble à ce bon champ dit seulement «Amen» à tout ce qui est de la Parole de Dieu et y obéit par la foi, sans être touché par ses pensées et sans faire des calculs. Lorsque les graines sont semées dans cette bonne terre, elles poussent bien et portent des fruits un grain cent, un autre soixante, un autre trente.

Jésus disait seulement « Amen » et avait été fidèle et obéissant à la parole de Dieu (Philippiens 2:5-8). De même, un individu dont le cœur est tel « une bonne terre » est inconditionnellement fidèle à la Parole de Dieu et vit selon la Parole. Si Sa parole lui dit d'être toujours joyeux, il le sera en toutes circonstances. Si Sa parole lui dit de prier sans cesse, il priera sans cesse. Une personne qui possède un cœur semblable à une « bonne terre » peut toujours communiquer avec Dieu, recevoir tout ce qu'elle demande dans la prière, et vivre selon Sa volonté.

Peu importe quel genre de cœur nous pouvons avoir à l'heure actuelle, nous pouvons toujours le transformer en « une bonne terre ». Nous pouvons labourer les champs pierreux et les nettoyer de pierres, nous pouvons enlever les épines, et fertiliser toute sorte de champ.

Comment pouvons-nous cultiver nos cœurs en une « bonne terre»?

Tout d'abord, nous devons adorer Dieu en esprit et en vérité.

Nous devons donner à Dieu tout notre esprit, volonté, dévouement et force ; et nous devons lui offrir notre cœur avec amour. C'est seulement à ce moment-là que nous serons protégés de mauvaises pensées, de la fatigue et la somnolence et que nous serons capables de transformer nos cœurs en « une bonne terre » par la puissance qui vient d'en haut.

Deuxièmement, nous devons résister jusqu'au sang, en rejetant nos péchés.

Quand nous obéissons totalement à toute la Parole de Dieu, y compris tout ce qu'Il nous commande de « faire » et de « ne pas faire », et que nous vivons selon la parole, notre cœur se transformera progressivement en une bonne terre. Par exemple, lorsque nous découvrons l'envie, la jalousie, la haine, nous pouvons transformer notre cœur en une bonne terre seulement par la prière fervente.

Notre foi grandit de plus en plus et toutes nos affaires prospéreront, dans l'amour de Dieu, autant que nous examinons le champ de notre cœur et que nous le cultivons avec diligence. Nous devons cultiver notre terre avec zèle, parce que plus nous vivons par la Parole de Dieu, plus notre foi spirituelle grandit. Plus notre foi spirituelle croît, plus nous pouvons posséder « une bonne terre ». Pour cela, nous devons cultiver notre cœur avec plus de ferveur.

2. Différentes graines doivent être semées

Une fois que la terre a été cultivée, l'agriculteur commence à semer les graines. Tout comme nous mangeons différents types d'aliments pour maintenir l'équilibre dans notre santé, le fermier sème et laisse pousser ces différentes graines comme le riz, le blé, les légumes, les haricots, etc.

En semant pour Dieu, nous semons beaucoup de choses différentes. «Semer» se réfère spirituellement à l'obéissance, un des commandements de Dieu, à ce qu'Il nous dit de «faire». Par exemple, si Dieu nous dit de nous réjouir toujours, nous pouvons semer avec notre joie qui découle de notre espérance pour le ciel ; Dieu sera également réjoui de cette joie et Il nous donnera ce que notre cœur désire (Psaume 37:4). Si Dieu nous dit de « prêcher l'Évangile », nous devrons diffuser avec ardeur la parole de Dieu. S'Il nous dit: « Aimez vous les uns les autres, » « Soyez fidèles», «Soyez reconnaissants,» et «Priez», nous devrons faire exactement et diligemment ce qu'il nous a été dit.

En outre, quand nous vivons selon la parole de Dieu, tel que le fait de donner la dîme et garder le Sabbat saint, nous semons devant Dieu ; ce que nous semons peut bourgeonner, se développer, fleurir et porter des fruits abondants.

Si nous semons peu, à contrecœur, ou sous la contrainte, Dieu n'acceptera pas notre effort. Tout comme un fermier qui sème ses graines dans l'espoir d'une bonne récolte à l'automne, nous devons aussi, par la foi, croire en Dieu et fixer nos yeux sur Dieu, Lui qui nous bénit cent fois, soixante fois, ou trente fois plus.

Hébreux 11:6 nous dit: *«Or sans la foi il est impossible de lui être agréable ; car il faut que celui qui s'approche de Dieu croie que Dieu existe, et qu'il est le rémunérateur de ceux qui le cherchent.»* Quand nous mettons notre confiance en Sa parole, en nous tournant vers notre Dieu qui récompense et en semant devant Lui, nous pouvons récolter en abondance dans ce monde et stocker nos récompenses dans le royaume céleste.

Le champ doit être soigné avec persévérance et dévouement. Après avoir semé les graines, l'agriculteur entretient le champ avec le plus grand soin. Il arrose les plantes, arrache les mauvaises herbes, et le nettoie des insectes. Sans ces efforts persévérants, les plantes peuvent pousser mais elles flétrissent et meurent avant de porter des fruits.

Spirituellement, «eau» symbolise la parole de Dieu. Comme

Jésus nous dit dans Jean 4:14: *«mais celui qui boira de l'eau que je lui donnerai n'aura jamais soif, et l'eau que je lui donnerai deviendra en lui une source d'eau qui jaillira jusque dans la vie éternelle»*, l'eau symbolise la vie éternelle et la vérité. « Attraper les insectes » symbolise le fait de garder la Parole de Dieu, plantée dans le champ de notre cœur, et la protéger contre le diable ennemi. Grâce à l'adoration, la louange et la prière notre cœur peut être maintenu plein, même si le diable ennemi vient interférer dans notre champ.

« Le désherbage du champ» est le processus par lequel nous nous débarrassons du mal tel que la rage, la haine, etc. Alors, nous parvenons à le faire tant que nous prions avec diligence et nous nous efforçons de nous débarrasser de la rage et de la haine. La rage est déracinée, cédant la place à la graine de la douceur ; et, comme une graine d'amour pousse en nous, la haine est aussi déplantée. Lorsque nous sommes purifiés de contrevérités et que l'ennemi diable est vaincu, nous pouvons grandir comme Ses vrais enfants.

Après avoir semé les graines, il y a un facteur important : il faut attendre le moment de la récolte avec patience. Si l'agriculteur creuse le sol peu de temps après la semence des graines pour voir si ses plantes ont poussé, les graines pourront pourrir facilement. Beaucoup de dévouement et persévérance sont requis dans l'attente de la récolte.

Le temps nécessaire pour donner des fruits diffère d'une graine à une autre. Alors que les graines de melon ou celles de la pastèque peuvent donner des fruits en moins d'un an, le pommier et le poirier ont besoin de quelques années. La joie d'un agriculteur du « ginseng » serait beaucoup plus grande que celle d'un agriculteur de pastèque, du fait que la valeur du ginseng, cultivé pendant des années, ne peut pas être comparée à celle de la pastèque, dont la culture ne demande que peu de temps.

De la même façon, lorsque nous semons devant Dieu, selon Sa parole, parfois nous pouvons être capables de recevoir Ses réponses tout de suite et par conséquent nous récoltons les fruits, mais dans d'autres moments, il faut attendre plus longtemps.

Galates 6:9 nous rappelle : *«Ne nous lassons pas de faire le bien ; car nous moissonnerons au temps convenable, si nous ne nous relâchons pas.»* Alors, jusqu'à ce que le moment de la récolte arrive, nous devons entretenir notre champ avec persévérance et dévouement.

3. Tu moissonnes ce que tu as semé

Dans Jean 12:24 Jésus nous dit: « *En vérité, en vérité, je vous le dis, si le grain de blé qui est tombé en terre ne meurt, il reste seul ; mais, s'il meurt, il porte beaucoup de fruit.* » Selon Sa loi, le Dieu de la justice planta Jésus-Christ, son Fils unique, comme un sacrifice expiatoire de l'humanité, et Lui permit de devenir comme une graine de blé, qui tomba et mourut. Par sa mort, Jésus produit de nombreux fruits.

La loi du monde spirituel est pareille à la loi de la nature qui dit : « tu moissonnes ce que tu as semé » ; la loi du monde spirituel est la loi de Dieu qui ne peut pas être violée. Galates 6:7-8 nous dit explicitement : « *Ne vous y trompez pas : on ne se moque pas de Dieu. Ce qu'un homme aura semé, il le moissonnera aussi. Celui qui sème pour sa chair moissonnera de la chair la corruption ; mais celui qui sème pour l'Esprit moissonnera de l'Esprit la vie éternelle.* »

Quand un agriculteur sème des graines dans son champ, il peut, selon le genre de la semence, en moissonner certaines récoltes prématurément, avant d'autres, et continue à semer des graines tout en moissonnant. Plus l'agriculteur sème des graines et s'occupe de son champ avec soin et persévérance, plus sa moisson est grande.

De la même façon, même dans notre relation avec Dieu, nous récoltons ce que nous semons.

Si tu sèmes la prière et la louange, par la puissance d'en haut, tu pourras vivre selon la parole de Dieu et ton âme prospérera. Si tu travailles fidèlement pour le royaume de Dieu, tu ne connaîtras aucune maladie et tu recevras les bénédictions matérielles et spirituelles. Si tu sèmes avec ardeur de tes biens matériels, de tes dîmes et que tu présentes des offrandes d'action de grâces, Il te donnera de plus grandes bénédictions matérielles qu'Il te permettra d'utiliser pour Son royaume et Sa justice.

Notre Seigneur, qui récompense chaque personne en fonction de ce qu'il a fait, nous dit dans Jean 5:29: « *Ceux qui auront fait le bien ressusciteront pour la vie, mais ceux qui auront fait le mal ressusciteront pour le jugement.* » Ainsi, nous devons vivre par l'Esprit Saint et faire le bien dans notre vie.

Si quelqu'un ne sème pas pour le Saint-Esprit, mais pour ses propres désirs, il peut seulement récolter les choses de ce monde qui vont finalement disparaître. Si tu mesures et juges les autres, tu seras également mesuré et jugé selon la parole de Dieu qui dit : *«Ne jugez point, afin que vous ne soyez point jugés. Car on vous jugera du jugement dont vous jugez, et l'on vous mesurera avec la mesure dont vous mesurez.»* (Matthieu 7:1-2).

Dieu nous a pardonné tous nos péchés que nous avons commis avant que nous acceptions Jésus-Christ. Mais si nous commettons des péchés après avoir connu la vérité et après que nous nous rendons compte du péché, nous recevrons le châtiment, même si nous nous repentons et que nous sommes pardonnés.

Si tu as semé le péché, conformément à la loi du monde spirituel, tu récolteras le fruit de ton péché et tu affronteras des moments d'épreuves et de souffrance.

Quand David, le bien-aimé de Dieu, avait péché, Dieu lui avait dit: *«Pourquoi donc as-tu méprisé la parole de l'Éternel, en faisant ce qui est mal à ses yeux ? »* Et, *« Voici, je vais faire sortir de ta maison le malheur contre toi »* (2 Samuel 12: 9, 11). Les péchés de David furent pardonnés quand il s'était repenti, «J'ai péché contre l'Éternel » ; mais nous savons aussi que Dieu frappa l'enfant que la femme d'Urie avait enfanté à David (2 Samuel 12:13-15).

Nous devons vivre selon la vérité et faire le bien, et nous devons nous rappeler que nous récoltons ce que nous semons, en tout. Semons pour le Saint-Esprit, recevons la vie éternelle du Saint-Esprit, et ayons toujours de débordantes bénédictions de Dieu.

Dans la Bible nous trouvons qu'il y a de nombreuses personnes qui ont plu à Dieu et par la suite reçu Ses bénédictions abondantes. La femme Sunamite avait toujours traité Élisée, homme de Dieu, avec le plus grand respect et courtoisie ; il logeait dans sa maison quand il vint à Sunem. Après avoir discuté avec son mari le sujet de faire une chambre pour Élisée, la femme prépara une chambre pour le prophète et y plaça un lit, une table, un siège et un chandelier ; et exhorta Élisée à rester dans sa maison (2 Rois 4: 8-10).

Élisée avait été très ému par la dévotion de la femme. Quand il avait découvert que son mari était vieux et qu'ils n'avaient pas d'enfant, et que la femme désirait avoir un enfant, Élisée demanda à Dieu d'accorder à cette femme la bénédiction de la naissance ; et cette femme devint enceinte, et enfanta un fils à la même époque, l'année suivante, comme Élisée lui avait dit. (2 Rois 4:11-17).

Comme Dieu nous promet dans le Psaume 37:4, *«Fais de l'Éternel tes délices, Et il te donnera ce que ton cœur désire»*, la femme Sunamite, qui traita le serviteur de Dieu avec soin et dévouement, eut le désir de son cœur (2 Rois 4:8-17).

Actes 9:36-40 parle d'une femme, nommée Tabitha, qui vivait à Joppé ; elle faisait beaucoup de bonnes œuvres et d'aumônes. Elle tomba malade et mourut. Les disciples informèrent Pierre et le prièrent de venir chez eux sans tarder. Lorsqu'il fut arrivé, toutes les veuves qui se trouvaient là-bas lui montrèrent les tuniques et les vêtements que faisait Tabitha et l'implorèrent en lui demandant de la faire revivre. Pierre fut très touché par la réaction des femmes, alors il pria Dieu en le suppliant. Quand il dit : « Tabitha, lève-toi ! », elle ouvrit les yeux, et ayant vu Pierre, elle s'assit. Comme Tabitha avait semé devant Dieu le bien et la charité en aidant les pauvres, elle avait pu recevoir la bénédiction de la prolongation de sa vie.

Dans Marc 12:44, nous lisons à propos d'une pauvre veuve qui donna tout ce qu'elle possédait à Dieu. Jésus, qui regardait comment la foule y mettait les offrandes au temple, dit à Ses disciples: *«tous ont mis de leur superflu, mais elle a mis de son nécessaire, tout ce qu'elle possédait, tout ce qu'elle avait pour vivre »* et il la loua. Il n'est pas difficile de savoir que la femme reçut, plus tard, de plus grandes bénédictions dans sa vie.

Conformément à la loi du monde spirituel, Dieu de la justice nous permet de récolter ce que nous semons et nous récompense selon ce que chacun d'entre nous a fait. Comme Dieu agit en fonction de la foi de chaque individu, qui croit en sa parole et Lui obéit, nous devons comprendre que nous pouvons recevoir tout ce que nous demandons dans la prière.

Tout en ayant cela à l'esprit, que chacun d'entre vous examine son cœur, qu'il le transforme en bonne terre, qu'il sème de nombreuses graines, qu'il l'entretienne avec persévérance et dévouement, et qu'il porte des fruits abondants, au nom de notre Seigneur Jésus-Christ, je prie !

Chapitre 6

Élie reçut les réponses de Dieu par le feu

Et Élie dit à Achab : Monte, mange et bois ; car il se fait un bruit qui annonce la pluie. Achab monta pour manger et pour boire. Mais Élie monta au sommet du Carmel ; et, se penchant contre terre, il mit son visage entre ses genoux, et dit à son serviteur : Monte, regarde du côté de la mer. Le serviteur monta, il regarda, et dit: Il n'y a rien. Élie dit sept fois: Retourne. A la septième fois, il dit : Voici un petit nuage qui s'élève de la mer, et qui est comme la paume de la main d'un homme. Élie dit : Monte, et dis à Achab: Attelle et descends, afin que la pluie ne t'arrête pas. En peu d'instants, le ciel s'obscurcit par les nuages, le vent s'établit, et il y eut une forte pluie. Achab monta sur son char, et partit pour Jizreel.

(1 Rois 18:41-45).

Le puissant serviteur de Dieu, Élie, avait pu témoigner du Dieu vivant, et fit que les Israélites se repentissent et renonçassent à l'adoration des idoles : cela quand il demanda à Dieu de lui répondre et de faire tomber le feu ; il demanda et reçut Ses réponses. En outre, alors qu'il n'y avait pas eu de pluie pendant trois ans et demi, en raison de la colère de Dieu contre les Israélites, c'était Élie qui accomplit le miracle de mettre fin à la sécheresse et de faire tomber une forte pluie.

Si nous croyons au Dieu vivant, nous devons également recevoir comme Élie la réponse de Dieu par le feu, témoigner de Lui, et Lui donner gloire.

En découvrant la foi d'Élie, par laquelle il reçut la réponse de Dieu par le feu et vit, de ses propres yeux, l'accomplissement des désirs de son cœur, devenons aussi des enfants bénis de Dieu qui reçoivent toujours des réponses par le feu de notre Père.

1. La foi d'Élie, le Serviteur de Dieu

Étant les élus de Dieu, les Israélites devraient adorer Dieu seulement, mais leurs rois firent le mal aux yeux de Dieu et adorèrent les idoles. Durant la période de règne d'Achab, le peuple d'Israël fit de plus en plus le mal, et l'adoration des idoles atteint son apogée. Alors, la colère de Dieu contre Israël se manifesta dans la calamité de sécheresse qui dura trois ans et demi. Dieu avait établi Élie comme son serviteur et manifesté Ses œuvres à travers lui.

Dieu dit à Élie: *«Va, présente-toi devant Achab, et je ferai tomber de la pluie sur la face du sol»* (1 Rois 18:1).

Moïse, qui conduisit les Israélites hors d'Égypte, d'abord désobéit à Dieu : quand Dieu avait ordonné à Moïse d'aller devant Pharaon. Quand Dieu demanda à Samuel d'oindre David, le prophète avait d'abord désobéi à Dieu. Mais, lorsque Dieu dit à Élie d'aller se montrer à Achab, le roi qui avait tenté pendant trois ans de tuer Élie, ce prophète obéit à Dieu inconditionnellement et Lui montra le genre de foi qui plaisait à Dieu.

Comme Élie obéissait et croyait en tout ce qui était de la Parole de Dieu, Dieu put manifester Ses œuvres, encore et encore, par l'intermédiaire du prophète. Dieu était satisfait de la foi obéissante d'Élie, Il l'aimait, et l'avait reconnu comme Son serviteur. Il l'accompagnait partout où il allait, et garantit tous ses efforts. Comme Dieu certifia la foi d'Élie, ce dernier pouvait ressusciter les morts, recevoir la réponse de Dieu par le feu, et être enlevé au ciel dans un tourbillon. Bien qu'il n'y ait qu'un seul Dieu qui est assis dans son trône céleste, le Dieu tout-puissant, peut superviser tout dans l'univers et permettre que Son œuvre se manifeste partout où Il est présent. Comme nous trouvons dans Marc 16:20, *« Et ils s'en allèrent prêcher partout. Le Seigneur travaillait avec eux, et confirmait la parole par les miracles qui l'accompagnaient. »* Quand un individu et sa foi sont reconnus et certifiés par Dieu, les miracles et les réponses de Dieu à la prière de la personne ont lieu comme des témoignages de Son œuvre.

2. Élie reçoit la réponse de Dieu par le feu

Comme la foi d'Élie était grande et qu'il était assez obéissant pour être digne de la reconnaissance de Dieu, le prophète pouvait hardiment prédire au sujet de la sécheresse imminente en Israël.

Il pourrait annoncer à Achab, le roi, et dire « *L'Éternel est vivant, le Dieu d'Israël, dont je suis le serviteur ! Il n'y aura ces années-ci ni rosée ni pluie, sinon à ma parole»* (1 Rois 17:1).

Comme Dieu savait déjà que Achab menaçait la vie d'Élie, qui avait prophétisé au sujet de la sécheresse, Dieu conduit le prophète au torrent de Kerith, lui dit de rester là bas pour une certaine période, et ordonna aux corbeaux de lui apporter du pain et la viande dans la matinée et dans le soir. Lorsque le torrent de Kerith sécha, à cause du manque de pluie, Dieu conduit Élie à Sarepta et fit qu'une veuve lui fournît de la nourriture.

Le fils de la veuve tomba malade, sa situation s'aggrava, et finit par mourir, alors Élie implora Dieu dans la prière, en disant: *«Éternel, mon Dieu, je t'en prie, que l'âme de cet enfant revienne au dedans de lui »* (1 Rois 17:21)!

Dieu écouta la voix d'Élie, et l'âme de l'enfant revint au dedans de lui, et il fut rendu à la vie. Grâce à cet incident, Dieu prouva qu'Élie était un homme de Dieu et que la parole de Dieu dans sa bouche est vérité (1 Rois 17:24).

Les gens de notre génération vivent dans une époque où ils ne peuvent jamais croire en Dieu à moins qu'ils ne voient des signes et des prodiges (Jean 4:48). Aujourd'hui, afin de témoigner du Dieu vivant, chacun de nous doit être armé du genre de foi que possédait Élie et prendre en charge de répandre hardiment l'Évangile.

Élie prophétisa la sécheresse et dit à Achab : *«Sûrement il n'y aura ni rosée ni pluie ces années, sauf par ma parole »*. Au cours de la troisième année de la prophétie d'Élie, Dieu dit à son prophète: *«Va, présente-toi devant Achab, et je ferai tomber de la pluie sur la face du sol »* (1 Rois 18:1). Nous lisons dans Luc 4 : *« du temps d'Élie, lorsque le ciel fut fermé trois ans et six mois et qu'il y eut une grande famine sur toute la terre... »* En d'autres termes, il n'y avait pas de pluie en Israël pendant trois ans et demi. Avant qu'Élie n'allât, pour la deuxième fois, devant Achab, le roi cherchait en vain le prophète, même dans les pays voisins, croyant qu'Élie était la cause de la sécheresse qui dura trois ans et demi.

Élie risquait d'être mis à mort au moment où il allait se présenter devant Achab, toutefois il obéit courageusement à la parole de Dieu. A peine Achab aperçut-il Élie qu'il lui dit : *« Est-ce toi, qui jettes le trouble en Israël ? »* (1 Rois 18:17) Alors, Élie répondit : *« Je ne trouble point Israël ; c'est toi, au contraire, et la maison de ton père, puisque vous avez* abandonné les commandements de l'Éternel et que tu es allé après les Baals » (1 Rois 18:18). Il transmit au roi la volonté de Dieu, et n'eut pas du tout peur. Par contre, il fut plus hardi et dit à Achab : « *Fais maintenant rassembler tout Israël auprès de moi, à la montagne du Carmel, et aussi les quatre cent cinquante prophètes de Baal et les quatre cents prophètes d'Astarté qui mangent à la table de Jézabel»* (1 Rois 18:19).

Élie était bien conscient que la sécheresse vint sur Israël à cause de son peuple qui adoraient les idoles ; il chercha à affronter les 850 prophètes des idoles et affirma : «Le dieu qui répondra par le feu, c'est celui-là qui sera Dieu.» Élie croyait en Dieu ; le prophète Lui avait manifesté la foi, montrant qu'il croyait que Dieu répondrait par le feu.

Élie dit aux prophètes de Baal: *«Choisissez pour vous l'un des taureaux, préparez-le les premiers, car vous êtes les plus nombreux, et invoquez le nom de votre dieu ; mais ne mettez pas le feu»* (1 Rois 18:25). Les prophètes de Baal invoquèrent le nom de Baal, depuis le matin jusqu'à midi, mais il n'y eut aucune réponse. Alors, Élie se moqua d'eux.

Élie avait la croyance que Dieu lui répondrait par le feu, alors, tout heureux, il demanda aux Israélites de construire l'autel et de verser l'eau sur l'holocauste et sur le bois, et il pria Dieu.

Réponds-moi, Éternel, réponds-moi, afin que ce peuple reconnaisse que c'est toi, Éternel, qui es Dieu, et que c'est toi qui ramènes leur cœur ! (1 Roi 18:37)

Et le feu de l'Éternel tomba, et il consuma l'holocauste, le bois, les pierres et la terre, et il absorba l'eau qui était dans le fossé. Quand tout le peuple vit cela, ils tombèrent sur leur visage et dirent : *C'est l'Éternel qui est Dieu ! C'est l'Éternel qui est Dieu !* (1 Rois 18:38-39).

Tout cela était rendu possible parce que Élie ne doutait pas même un peu quand il demandait à Dieu (Jacques 1:6) et il avait la croyance qu'il avait reçu tout ce qu'il avait demandé dans la prière (Marc 11:24).

Pourquoi Élie ordonna de verser l'eau sur l'holocauste et ensuite il pria? La sécheresse avait duré trois ans et demi, pour cela l'eau était rare et plus précieuse que toutes les nécessités de l'époque. En remplissant quatre grandes cruches avec de l'eau et en versant l'eau sur l'holocauste à trois reprises (1 Rois 18:33-34), Élie montra sa foi en Dieu et Lui donna ce qui était le plus précieux pour lui. Dieu, qui aime celui qui donne avec joie (2 Corinthiens 9:7), avait permis qu'Élie récoltât ce qu'il avait semé. Ce n'est pas ça seulement, mais aussi, il avait répondu au prophète par le feu et avait prouvé à tous les Israélites que leur Dieu était bien vivant.

Quand nous faisons comme Élie et quand nous montrons à Dieu notre foi, Lui donnons notre bien le plus précieux, et nous nous préparons à recevoir Ses réponses à notre prière, nous pourrons témoigner à tout le monde du Dieu vivant, et cela à travers Ses réponses de feu.

3. Élie fit tomber une forte pluie.

Après avoir dévoilé aux Israélites le Dieu vivant, à travers Sa réponse par le feu, et après avoir mené les Israélites à se repentir de l'adoration des idoles, Élie se rappela du serment qu'il avait fait à Achab – « L'Éternel est vivant, le Dieu d'Israël, dont je suis le serviteur ! Il n'y aura ces années-ci ni rosée ni pluie, sinon à ma parole» (1 Rois 17:1). Il dit au roi, « Monte, mange et bois ; car il se fait un bruit qui annonce la pluie. » (1 Rois 18:42), et il monta au sommet du Carmel. Il l'avait fait dans le but de réaliser la parole de Dieu, « je ferai tomber de la pluie sur la face du sol», et recevoir Sa réponse.

Une fois au sommet du Carmel, Élie se penchait contre terre, et mit son visage entre ses genoux. Pourquoi Élie priait de cette façon? Élie avait très mal pendant qu'il priait.

A travers cette image, on peut présumer avec quelle ardeur Élie appela Dieu de tout son cœur. En outre, Élie ne cessa pas de prier jusqu'à ce qu'il vît, lui-même, la réponse de Dieu. Le prophète demanda à son serviteur de regarder continuellement du côté de la mer. Et Élie gardait toujours cette position de prière jusqu'à ce que, la septième fois, le serviteur vint lui dire qu'il avait vu un petit nuage qui s'élevait de la mer, et qui est comme la paume de la main d'un homme. Élie priait de cette façon sept fois. Ce fut plus que suffisant pour impressionner Dieu et secouer son trône céleste. Comme Élie avait pu ramener une pluie après trois ans et demi de sécheresse, on peut présumer que sa prière était extrêmement puissante.

Quand Élie reçut la réponse de Dieu par le feu, il avait confirmé que Dieu allait lui répondre, bien que Dieu ne lui parlât pas de cela. Il fit la même chose quand il fit descendre la pluie. En voyant un nuage aussi petit que la paume de la main d'un homme, le prophète envoya un mot à Achab, *« Attelle et descends, afin que la pluie ne t'arrête pas. »* (1 Rois 18:44). Élie avait la foi qui lui permet d'avouer la ferme assurance de ce qu'il espérait, même s'il ne pouvait pas encore voir (Hébreux 11:1). Dieu pouvait travailler selon la foi du prophète, et selon la foi d'Élie, en peu d'instants, le ciel s'obscurcit par les nuages, le vent s'établit, et il y eut une forte pluie (1 Rois 18:45).

Nous devons croire que Dieu, qui avait donné à Élie Sa réponse par le feu et par une pluie tant attendue après une sécheresse de trois ans et six mois, est le même Dieu qui élimine nos épreuves et souffrances, réalise les désirs de notre cœur, et nous accorde Ses merveilleuses bénédictions.

Maintenant, je suis sûr que tu t'es rendu compte que, pour recevoir la réponse de Dieu par le feu, Lui donner gloire, et accomplir les désirs de ton cœur, tu dois d'abord Lui montrer le genre de foi qui Lui fait plaisir, détruire tout mur de péché qui se dresse entre Dieu et toi, et Lui demander quoi que ce soit sans douter.

Deuxièmement, tu dois construire, avec joie, un autel pour Dieu, lui présenter des offrandes, et prier avec ferveur.

Troisièmement, tu dois avouer de tes lèvres que Dieu va travailler pour toi jusqu'à ce que tu reçoives Ses réponses. Dieu sera alors très heureux et répondra à ta prière pour que tu puisses Lui donner gloire de tout ton cœur.

Notre Dieu nous répond quand nous Le prions et Lui présentons les problèmes concernant nos âmes, enfants, santé, emploi, ou toute autre chose ; et Il reçoit la gloire de notre part. Possédons également la foi parfaite comme celle d'Élie, prions jusqu'à ce que nous recevions les réponses de Dieu, devenons Ses enfants bénis, et donnons toujours gloire à notre Père !

Chapitre 7

Comment réaliser les Désirs de Ton Cœur

Fais de l'Éternel tes délices, Et il te donnera ce que ton cœur désire.

―――――⚋―――――

(Psaume 37:4).

Beaucoup de gens cherchent aujourd'hui à obtenir de Dieu des réponses à une variété de problèmes. Ils prient avec ardeur, jeûnent et passent toute la nuit dans la prière pour recevoir la guérison, pour pouvoir réussir dans leurs affaires, pour avoir des enfants et recevoir des bénédictions matérielles.

Malheureusement, il y a un grand nombre de gens qui sont incapables de recevoir des réponses de Dieu et de Lui donner gloire ; ils sont plus nombreux que ceux qui en sont capables.

Quand ils n'obtiennent pas de réponses de Dieu dans un mois ou deux mois, ces gens se lassent, en disant: « Dieu n'existe pas», se détournent totalement de Dieu, et commencent à adorer des idoles, ce qui ternit son nom. Si une personne va à l'église, mais ne parvient pas à recevoir la puissance de Dieu et à Lui donner gloire, comment cela pourrait-il être une «vraie foi»?

Si un individu dit qu'il croit vraiment en Dieu, alors étant son enfant, il doit être en mesure de recevoir les désirs de son cœur et réaliser tout ce qu'il cherche à accomplir au cours de sa vie dans ce monde. Mais de nombreuses personnes ne parviennent pas à satisfaire les désirs de leur cœur, même si elles proclament avoir la foi. C'est parce que de telles personnes ne se connaissent pas. Avec le passage sur lequel le présent chapitre est basé, explorons les moyens par lesquels pourrons accomplir les désirs de notre cœur.

1. Premièrement, il faut examiner son propre cœur

Chaque individu doit examiner sa foi et voir s'il croit vraiment au Dieu tout-puissant, ou s'il croit tout en ayant des doutes, ou si sa foi provient d'un cœur rusé qui ne cherche qu'une sorte de chance. Avant de connaître Jésus-Christ, la plupart des gens passent leur vie soit en adorant des idoles, soit en comptant sur leur propre effort. Cependant, lors des dures épreuves ou des souffrances, après s'être rendu compte que les catastrophes auxquelles ils sont confrontés ne peuvent être résolues par la force de l'homme ou de leurs idoles, ils s'interrogent sur le monde, et entendent dire que Dieu peut résoudre leurs problèmes ; alors ils finissent par venir devant Lui.

Au lieu de fixer leurs yeux sur le Dieu de puissance, les gens de ce monde pensent en doutant : «Ne me répondrait-il pas si je le suppliai?» Ou «Eh bien, peut-être la prière pourrait résoudre mon problème ». Le Dieu Tout-Puissant gouverne l'histoire de l'humanité ainsi que la vie de l'homme, la mort, la malédiction, et la bénédiction, fait revivre les morts, et sonde le cœur de l'homme, donc il ne répond pas à un individu avec un cœur qui doute (Jacques 1:6-8).

Si un individu cherche vraiment à réaliser les désirs de son cœur, il doit d'abord jeter son doute et la recherche de la chance, et il doit croire qu'il a déjà reçu, dans la prière, tout ce qu'il demande au Dieu Tout-Puissant. C'est alors seulement que le

Dieu de la puissance accorde Son amour et lui permet de réaliser les désirs de son cœur.

2. Deuxièmement, l'assurance du salut d'une personne et l'état de sa Foi doivent être examinés

Nous trouvons aujourd'hui dans l'église que beaucoup de croyants sont sujets à des problèmes dans leur foi. Il est très navrant de voir un nombre étonnamment élevé de personnes qui errent spirituellement : ceux qui ne parviennent pas à voir, à cause de leur arrogance spirituelle de sorte que leur foi prend la mauvaise direction ; et ceux qui n'ont pas l'assurance du salut, même après de nombreuses années passées de vie en Christ et dans Son service.

Romains 10:10 nous dit: *«Car c'est en croyant du cœur qu'on parvient à la justice, et c'est en confessant de la bouche qu'on parvient au salut.»* Lorsque tu ouvres la porte de ton cœur et que tu acceptes Jésus-Christ comme ton Sauveur, tu recevras, par la grâce de l'Esprit Saint qui est donnée gratuitement d'en haut, l'autorité en tant qu'enfant de Dieu. En outre, lorsque tu confesses de ta bouche que Jésus-Christ est ton Sauveur et que tu crois de ton cœur que Dieu a ressuscité Jésus d'entre les morts, tu deviendras sûr de ton salut.

Si tu n'as pas la certitude que tu as reçu le salut, cela prouve que tu as un problème dans ta foi. C'est parce que, si tu n'as pas la certitude d'être l'enfant de Dieu et que tu as obtenu le droit de citoyenneté céleste, tu ne pourras pas vivre selon la volonté du Père.

Pour cette raison, Jésus nous dit : « *Ceux qui me disent : Seigneur, Seigneur, n'entreront pas tous dans le royaume des cieux, mais celui-là seul qui fait la volonté de mon Père qui est dans les cieux.* » (Matthieu 7:21). Si un individu n'établit pas une relation avec Dieu pareille à la relation entre le père et son fils (ou fille), normalement il ne recevra pas de réponses de Dieu. Toutefois, même si cette relation a lieu, si Dieu trouve quelque chose de mal dans le cœur la personne, elle ne pourra pas recevoir des réponses de Dieu.

Par conséquent, si tu deviens un enfant de Dieu qui a l'assurance du salut et que tu te repentis pour n'avoir pas vécu par la volonté de Dieu, Il résout tous tes problèmes, y compris la maladie, l'échec dans les affaires, et les problèmes financiers, et en toutes choses, Il travaille pour ton bien.

Si tu cherches Dieu pour le problème que tu as avec ton enfant, par le biais de la parole de la vérité, Dieu t'aidera à trouver des solutions aux problèmes dont tu souffres. Parfois, les enfants sont à blâmer ; cependant, le plus souvent, ce sont les parents qui sont responsables de la difficulté avec leurs enfants. Avant de commencer à adresser des accusations, si d'abord les parents eux-mêmes se détournent de leurs mauvaises voies, se repentent, s'efforcent d'élever leurs enfants correctement, et s'engagent à tout faire pour Dieu, Il leur donne la sagesse et fait que toutes choses concourent au bien des parents et de leurs enfants.

Par conséquent, si tu viens à l'église et que tu cherches à obtenir des réponses à tes problèmes avec tes enfants, à tes maladies, tes problèmes financiers, et autres, au lieu de te précipiter pour jeûner et prier, ou au lieu de passer toute la nuit dans la prière, tu dois d'abord, par la parole de la vérité, découvrir ce qui perturbe ta relation avec Dieu, te repentir et y renoncer.

Alors Dieu travaillera pour ton bien et tu seras guidé par le Saint-Esprit. Si tu n'essaies même pas de comprendre, d'entendre la parole de Dieu, ou de vivre selon la parole, ta prière ne te donnera pas de réponses de Dieu.

Il y a de nombreux cas où les gens ne parviennent pas à comprendre toute la vérité et ne parviennent pas à recevoir des réponses de Dieu et Ses bénédictions. Pour cela nous devons tous réaliser les désirs de notre cœur, avoir l'assurance de notre salut et vivre selon la volonté de Dieu (Deutéronome 28:1 - 14).

3. Troisièmement, tu dois plaire à Dieu par tes actes

Quiconque reconnaît Dieu le Créateur et accepte Jésus-Christ comme son Sauveur, son âme prospère autant qu'il apprend la vérité et s'éclaire. En outre, comme il continue à découvrir le cœur de Dieu, il peut mener sa vie d'une manière qui Lui plaît. Les tout-petits, de deux ou trois ans, ne savent pas comment plaire à leurs parents, mais devenus adolescents et adultes, les enfants apprennent à leur faire plaisir. De la même façon, plus les enfants de Dieu comprennent la vérité et vivent selon la parole, plus ils peuvent plaire à leur Père.

Dans plusieurs endroits, la Bible nous parle de nos ancêtres dans la foi qui ont reçu des réponses à leurs prières en faisant ce qui plaît à Dieu. Comment Abraham a-t-il plu à Dieu ?

Abraham avait toujours cherché à vivre en paix et sainteté (Genèse 13:9), il avait servi Dieu de tout son corps, cœur et esprit (Genèse 18:1-10), et Lui avait totalement obéi sans avoir recours à ses propres pensées (Hébreux 11:19 ; Genèse 22:12), parce qu'il croyait que Dieu pouvait ressusciter les morts. En conséquence, Abraham avait reçu la bénédiction de Jehova Jiré ou « Le Seigneur pourvoira», la bénédiction des enfants, la bénédiction de la finance, la bénédiction d'une bonne santé, et autres. L'Éternel avait béni Abraham en toutes choses (Genèse 22:16-18 , 24:1).

Qu'avait fait Noé pour recevoir les bénédictions de Dieu ? Noé était un homme juste et intègre dans son temps ; Noé marchait avec Dieu (Genèse 6:9). Lorsque Dieu fit venir le déluge d'eaux sur la terre, seul Noé et sa famille avaient pu éviter le jugement et recevoir le salut. Parce que Noé marchait avec Dieu, il pouvait écouter la voix de Dieu et préparer une arche et même mener sa famille au salut.

Dans 1 Rois 17:8-16, on parle de la veuve de Sarepta qui planta une graine de foi dans Élie, serviteur de Dieu, au cours d'une sécheresse de trois ans et demi en Israël. Elle reçut des bénédictions extraordinaires. Comme elle avait obéi dans la foi et servi Élie du pain fait avec une poignée de farine dans un pot et un peu d'huile dans une cruche, Dieu l'avait bénie et accomplit sa parole prophétique disant : *«La farine qui est dans le pot ne manquera point et l'huile qui est dans la cruche ne diminuera point, jusqu'au jour où l'Éternel fera tomber de la pluie sur la face du sol.»*

La femme Sunamite, dans 2 Rois 4:8-17, avait servi et traité Élisée le serviteur de Dieu avec soin et respect, alors elle avait reçu la bénédiction de donner naissance à un fils. La femme avait aidé le serviteur de Dieu, non pas parce qu'elle voulait quelque chose, mais parce qu'elle aimait Dieu avec ferveur, de tout son cœur. N'est-il pas logique que cette femme ait reçu la bénédiction de Dieu?

Il est également facile de constater que Dieu avait été totalement ravi de la foi de Daniel et de ses trois amis. Bien qu'on amenât Daniel, et qu'on le jetât dans la fosse aux lions, pour avoir prié Dieu, il fut retiré de la fosse, sans aucune blessure, parce qu'il faisait confiance à Dieu (Daniel 6:16-23). Les trois amis de Daniel furent liés et jetés dans la fournaise ardente, parce qu'ils n'avaient pas adoré une idole ; toutefois, après qu'ils sortirent de la fournaise, ils avaient donné gloire à Dieu : le feu n'avait eu aucun pouvoir sur le corps de ces hommes, et l'odeur du feu ne les avait pas atteints. (Daniel 3:19-26).

Dans Mathieu 8, on trouve que le centenier avait pu plaire

à Dieu par sa grande foi. Et, selon sa foi, il reçut les réponses de Dieu. Quand il aborda Jésus et Lui dit que son serviteur était couché à la maison, atteint de paralysie et souffrant beaucoup, Jésus lui proposa de visiter sa maison et de guérir son serviteur. Toutefois, le centenier dit à Jésus, « *dis seulement un mot, et mon serviteur sera guéri.* » Ce centenier a montré sa grande foi et un grand amour pour son serviteur, alors Jésus le loua disant : « *même en Israël je n'ai pas trouvé une aussi grande foi.* » Comme chaque personne reçoit des réponses de Dieu selon sa foi, le serviteur du centenier fut guéri à l'instant-même. Alléluia!

Il y a encore plus. Dans Marc 5:25-34, nous lisons à propos de la foi d'une femme atteinte d'une perte de sang depuis douze ans. Elle avait beaucoup souffert entre les mains de plusieurs médecins, elle avait dépensé tout ce qu'elle possédait, et elle n'avait éprouvé aucun soulagement, mais était allée plutôt en empirant. Ayant entendu parler de Jésus, elle crut qu'elle serait guérie juste en touchant le vêtement de Jésus. Quand elle vint dans la foule par derrière, et toucha Son vêtement, au même instant la perte de sang s'arrêta, et elle sentit dans son corps qu'elle était guérie de son mal.

Dans Actes 10 :1-8, nous lisons d'un centenier nommé Corneille. Quel type de cœur avait-il ? Et comment avait-il, lui le païen, servir Dieu de telle sorte que lui et toute sa famille reçurent le salut? Nous lisons que cet homme était pieux et craignait Dieu, avec toute sa maison. Il faisait beaucoup d'aumônes au peuple, et priait Dieu continuellement. Alors ses prières et ses aumônes étaient montées comme offrandes devant Dieu, et Il s'en était souvenu. Et Comme Pierre prêchait la parole de Dieu dans la maison de Corneille, où toute la famille était réunie, le Saint-Esprit descendit sur tous ceux qui écoutaient la parole et ils se mirent à parler en langues.

Actes 9:36-42 parle d'une femme nommée Tabitha (qui signifie Dorcas). Elle faisait beaucoup de bonnes œuvres et d'aumônes, mais elle tomba malade et mourut. Quand Pierre vint à la demande pressante des disciples, se mit à genoux, et pria, Tabitha revint à la vie.

Lorsque les enfants de Dieu s'acquittent de leurs fonctions et font ce qui plaît à leur Père, le Dieu vivant accomplit les désirs de leur cœur et fait que toutes choses concurrent à leur bien. Lorsque nous pouvons vraiment croire en cet état de fait, nous pourrons toujours recevoir au cours de notre vie des réponses de Dieu.

De temps en temps, et lors de certaines discussions et consultations, j'entends parler des gens qui avaient autrefois une grande foi, qui avaient été au service de l'église, et qui étaient fidèles, mais avaient abandonné Dieu après une période d'épreuves et de souffrance. A Chaque fois, je ne peux pas m'empêcher de me sentir le cœur brisé en voyant ces gens incapables de faire la distinction spirituelle.

Si les gens ont la vraie foi, ils n'abandonneront pas Dieu, même quand ils affrontent des épreuves. S'ils ont la foi spirituelle, ils seront heureux, reconnaissants tout en priant, même durant les moments d'épreuves et de souffrances. Ils ne vont ni trahir Dieu, ni être tentés, ni L'abandonner. Parfois, les gens peuvent être intègres dans l'espoir de recevoir des bénédictions ou pour être loués par les autres. Mais la prière de la foi et la prière pleine d'espoirs peuvent être facilement distinguées et cela d'après leurs résultats respectifs. Si un individu a une prière de foi spirituelle, sa prière sera certainement accompagnée par des œuvres qui plaisent à Dieu, et il rendra une grande gloire à Dieu qui a réalisé les désirs de son cœur un par un.

Avec la Bible comme notre guide, nous avons examiné comment nos ancêtres dans la foi avaient manifesté leur foi en Dieu et avec quel genre de cœur, ils avaient pu Lui plaire et réaliser les désirs de leur cœur.

Puisque Dieu, comme Il l'avait promis, bénit tous ceux qui Lui plaisent – Tabitha qui revint de la mort à la vie ; la femme Sunamite, qui n'avait pas d'enfants et qui avait été bénie d'un fils ; la femme atteinte d'une perte de sang depuis douze ans et guérie de son mal, tout ceci a plu à Dieu – croyons en Dieu et fixons nos yeux sur Lui.

Dieu nous dit : «*Si tu peux ! ... Tout est possible à celui qui croit.* » (Marc 9:23). Lorsque nous croyons qu'il peut mettre fin à tous nos problèmes, que nous Lui remettons totalement tous les problèmes concernant notre foi, maladies, enfants, et finance et que nous mettons en Lui notre confiance, il va sûrement prendre soin de tout cela (Psaume 37 : 5).

Je prie, au nom de Jésus-Christ, que chacun d'entre vous puisse réaliser les désirs de son cœur, rendre une grande gloire à Dieu, et mener une vie bénie en faisant ce qui plait à Dieu, qui ne ment pas mais réalise ce qu'il a promis !

L'auteur:
Dr. Jaerock Lee

Le Dr. Jaerock Lee est né à Muan, dans la Province de Jeonam, en République de Corée en 1943. Dans sa vingtaine, le Dr. Lee a souffert d'une variété de maladies incurables pendant sept ans et il a attendu la mort avec aucun espoir de récupérer. Un jour du printemps 1974 il a été conduit dans une église par sa soeur et lorsqu'il s'est agenouillé pour prier, le Dieu vivant l'a immédiatement guéri de toutes ses maladies.

Dès que le Dr. Lee a rencontré le Dieu vivant au travers de cette merveilleuse expérience, il a aimé Dieu de tout son cœur et sincérité, et en 1978, il a été appelé à devenir un serviteur de Dieu. Il a prié avec ferveur de manière à clairement connaître la volonté de Dieu, l'a complètement accomplie et a obéi à toute la parole de Dieu. En 1982, il a fondé l'Église Centrale Manmin à Séoul en Corée et d'innombrables œuvres de Dieu, incluant des guérisons miraculeuses et des prodiges ont eu lieu dans son église.

En 1986, le Dr. Lee a été ordonné en tant que pasteur lors de l'Assemblée annuelle de l'Église Sungkyul Jésus de Corée, et quatre an plus tard, en 1990, ses sermons ont commencé à être retransmis en Australie, en Russie, aux Philippines et dans beaucoup d'autres nations au travers de la Société de Retransmission d'Asie, la Station asiatique de retransmission et le Système Chrétien Radio de Washington.

Trois ans plus tard, en 1993, l'Église Centrale Manmin a été sélectionnée comme l'une des «50 Plus grandes églises du monde» par le magazine 'Monde Chrétien' (Etats-Unis) et il a reçu un doctorat honoraire en Divinité du Collège de Foi Chrétien, en Floride, aux Etats-Unis. Et en 1996, un Ph.D. du ministère du Séminaire Théologique Kingsway, à Iowa, aux Etats-Unis.

Depuis 1993, le Dr Lee a pris la direction de la mission mondiale au travers de nombreuses croisades outremer, aux Etats-Unis, en Tanzanie, en Argentine, en Ouganda, au Japon, au Pakistan, aux Philippines, au Honduras, au Kenya, en Inde, en Russie, en Allemagne et au Pérou. En 2002, il fut appelé «Pasteur Mondial» par les principaux journaux chrétiens en Corée pour son travail dans les diverses Grandes Croisades Unifiées outremer.

Depuis Décembre 2015, l'Église Centrale Manmin possède une congrégation de plus de 120.000 membres. Il y a 10.000 églises branches au pays et dans le monde, et à ce jour, plus de 122 missionnaires ont été commissionnés vers 23 pays, y compris les Etats-Unis, la Russie, l'Allemagne, le Canada, le Japon, la Chine, la France, l'Inde et de nombreux autres.

Jusqu'au jour de cette publication, le Dr Lee a écrit 100 livres y compris les bestsellers, Goûter à la vie Eternelle avant la Mort, Ma Vie, Ma Foi, I et II, Le Message de la Croix, La Mesure de Foi, Le Ciel I et II, Enfer et La Puissance de Dieu. Ses œuvres ont été traduites dans plus de 76 langues.

Ses chroniques chrétiennes paraissent dans Le Hankook Ilbo, Le JoongAng Daily, Le Chosun Ilbo, Le Dong-A Ilbo, Le Munhwa Ilbo, Le Seoul Shinmun, Le Kyunghyang Shinmun, Le Korea Economic Daily, Le Korea Herald, Le Shisa News, et Le Chistian Press.

Le Dr. Lee est présentement dirigeant de nombreuses organisations missionnaires et associations, y compris Président de l'Église Unifiée de Sanctification de Jésus-Christ; Président, Mission Mondiale Manmin; Fondateur et Président du Conseil du Réseau Mondial Chrétien (GCN); fondateur et président du conseil du Réseau Mondial de Médecins Chrétiens (WCDN) et fondateur et président du conseil du Séminaire International Manmin (MIS).

D'autres livres puissants par le même auteur

Le Ciel I & II

Une esquisse détaillée de l'environnement merveilleux dont jouiront les citoyens célestes au milieu de la gloire de Dieu.

Le Message de la Croix

Un message puissant de réveil pour tous les peuples qui sont spirituellement endormis. Dans ce livre, vous trouverez le véritable amour de Dieu et pourquoi Jésus est notre seul Sauveur.

Enfer

Un message sérieux de Dieu à toute l'humanité, qui souhaite que même pas une seule âme ne tombe dans les profondeurs de l'enfer ! Vous découvrirez le compte rendu jamais révélé auparavant de la cruelle réalité de l'Hadès et de l'enfer.

La Puissance de Dieu

Un livre à lire absolument qui sert de guide essentiel par lequel on peut posséder la vraie foi et expérimenter la merveilleuse puissance de Dieu.

La Mesure de Foi

Quel type de lieu de séjour céleste et quelles espèces de couronnes sont préparés dans le ciel? Ce livre apporte sagesse et direction pour mesurer votre foi et cultiver la foi la plus parfaite et mature.

Réveille-toi Israël

Pourquoi Dieu a-t-Il gardé les yeux fixés sur Israël depuis le commencement du monde jusqu'à ce jour? Quel type de providence a été préparée pour Israël qui attend le Messie dans les derniers jours.

Ma Vie, Ma Foi I & II

L'autobiographie du Dr.Jaerock Lee produit le plus odorant arôme spirituel pour les lecteurs, au travers de sa vie extraite de l'amour de Dieu qui a fleuri au milieu de vagues ténébreuses, d'un joug glacial et d'un profond désespoir.

Goûter à la vie éternelle avant la Mort

Les mémoires témoignage du Dr Jaerock Lee, qui est né de nouveau et sauvé de la vallée de l'ombre de la mort et a vécu une vie chrétienne exemplaire.

www.urimbooks.com

www.ingramcontent.com/pod-product-compliance
Lightning Source LLC
LaVergne TN
LVHW051955060526
838201LV00059B/3655